Matthias Günther

Jugendseelsorge

Grundlagen und Impulse für die Praxis

Vandenhoeck & Ruprecht

Mit 15 Abbildungen und 9 Tabellen

Bibliografische Information der Deutschen Nationalbibliothek:
Die Deutsche Nationalbibliothek verzeichnet diese Publikation in der
Deutschen Nationalbibliografie; detaillierte bibliografische Daten sind
im Internet über http://dnb.d-nb.de abrufbar.

Umschlagabbildung: © Protasov AN/Shutterstock
Innenabbildungen: S. 11: © panthermedia/yeletkeshet;
S. 31: © panthermedia/lemm

ISBN 978-3-525-71748-6

© 2018, Vandenhoeck & Ruprecht GmbH & Co. KG,
Theaterstraße 13, D-37073 Göttingen
Vandenhoeck & Ruprecht Verlage
www.vandenhoeck-ruprecht-verlage.com
Alle Rechte vorbehalten. Das Werk und seine Teile sind urheberrechtlich
geschützt. Jede Verwertung in anderen als den gesetzlich zugelassenen Fällen
bedarf der vorherigen schriftlichen Einwilligung des Verlages.

Satz: SchwabScantechnik, Göttingen
Druck und Bindung: ⊕ Hubert & Co. BuchPartner, Göttingen

Printed in the EU

Inhalt

Einleitung 7

1 Was ist Jugendseelsorge? 11
1.1 Jugend und Kirche – Empirische Einblicke 11
1.2 Glaubwürdigkeit gründet in Wirklichkeitsentsprechung   16
1.3 Ein dimensionales anstelle eines sektoralen Verständnisses 20
1.4 Jugendseelsorge als mehrdimensionales Handlungsfeld ... 22
1.5 Ermutigung im Vertrauen auf Gottes Fürsorge 25

2 Jugendseelsorge im Horizont des Jugendalters 31
2.1 Das Jugendalter – keine Zeit der Krise, sondern des Wandels 31
    2.1.1 Der Einfluss der klassischen Entwicklungspsychologie 32
    2.1.2 Die Sicht der modernen Entwicklungspsychologie ... 34
    2.1.3 Die individualpsychologische Sicht des Jugendalters 41
2.2 Krisenbewältigung in der Zeit des Wandels 45
    2.2.1 Für Jugendliche relevante Themen 45
    2.2.2 Umgang mit Tod und Trauer 51
2.3 Kennzeichen gegenwärtiger Jugendreligiosität 63

3 Ziel- und ressourcenorientierte Jugendseelsorge 69
3.1 Ein Anforderungsprofil 70
3.2 Validation 71
3.3 Komplexitätsreduktion 73
3.4 Progression 75

4 Praxis einer ziel- und ressourcenorientierten Jugendseelsorge 77
4.1 Die Dimension des helfenden Handelns 77
    4.1.1 Seelsorglich helfend handeln 77
    4.1.2 Impulse für die Praxis 79

4.2 Die religiös bildende Dimension 84
    4.2.1 Seelsorglich unterrichten 84
    4.2.2 Impulse für die Praxis 93
4.3 Die liturgisch-spirituelle Dimension 100
    4.3.1 Seelsorglich Gottesdienst feiern 100
    4.3.2 Impulse für die Praxis 102

Ausblick: Ein Wunschzettel für die Jugendseelsorge vor Ort ... 121

Anhang: Das Seelsorgegeheimnisgesetz 123

Literatur 131

Einleitung

Jugendseelsorge wird gegenwärtig wenig beachtet und bedacht.[1] Was macht Seelsorge mit jungen Menschen aus? Wie kann in unterschiedlichen Situationen in der Arbeit mit Jugendlichen seelsorglich gehandelt werden? Welche Bedingungen müssen erfüllt sein, damit Jugendseelsorge von Jugendlichen als glaubwürdig und relevant für ihr Leben erfahren werden kann?

Weder lässt sich Jugendseelsorge einer Kategorie von Seelsorge wie Notfallseelsorge, Gefängnisseelsorge oder Telefonseelsorge zuordnen, noch ist einheitlich geklärt, zu welchem Arbeitsbereich in der Kirche (Schulseelsorge, schulbezogene Jugendarbeit, Gemeindepraxis) sie gehört.

Mit Blick auf die Praxis drängt sich der Eindruck auf, entweder sei alles, was in der Arbeit mit Jugendlichen geschieht, Jugendseelsorge – dann fehlte ihr Identität und Profil –, oder Jugendseelsorge ereigne sich ausschließlich in den zumeist kurzen Gesprächen, meist nicht mehr als zwei bis drei Sätze, die kirchliche Mitarbeitende mit

---

1 Zu nennen sind Riess/Fiedler 2009 sowie kurze Abschnitte in Winkler 2000 (»Seelsorge an Kindern und Jugendlichen«, 371–387); Morgenthaler 2014 (»Zoff mit Jugendlichen – der Prozess der Krisenintervention«, 231–237); Morgenthaler 2017 (»Seelsorge in Adoleszenz und Postadoleszenz«, 156–160); Ziemer 2015 (»Jugendliche und junge Erwachsene«, 311–315); vgl. auf katholischer Seite zuletzt Höring 2017. Ein Kapitel »Jugendseelsorge« sucht man vergeblich z. B. in Engemann 2009 (ein Abschnitt zur Schulseelsorge schließt das Buch ab, 508–521); Klessmann 2015 (Klessmann behandelt unter der Überschrift »Seelsorge mit besonderen Zielgruppen« Kinder und alte Menschen, Jugendliche nicht, 422–432). Verstärkte Aufmerksamkeit gilt in jüngerer Zeit allerdings der Schulseelsorge: vgl. Koerrenz/Wermke 2008; Gutmann/Kuhlmann/Meuche 2014; hinzuweisen ist ferner auf die empirischen Studien von Andrea Dietzsch (2013) und Lea-Kristina Behrens (2015) sowie auf die theoretisch-konzeptionelle Studie von Anna-Katharina Lienau (2017).

Jugendlichen »bei Gelegenheit« führen, z. B. vor und nach dem Konfirmandenunterricht, im Supermarkt, in der U-Bahn, auf der Freizeit. Dann spielte Jugendseelsorge nur eine kleine Nebenrolle im Gesamt des kirchlichen Handelns.

Das vorliegende Buch hat mit *Seelsorge mit jungen Menschen* (2009) und *Der Tod ist eine Tür. Seelsorge mit trauernden jungen Menschen* (2013) zwei Vorgänger. Zentrale Passagen aus beiden Arbeiten werden in komprimierter, aktualisierter Form aufgenommen, sodass die Lektüre dieses Buches auch ohne Kenntnis seiner Vorgänger ertragreich ist. Doch warum überhaupt – nach neun oder sogar nur fünf Jahren – ein weiteres Buch über »Jugendseelsorge«?

Mit Hans-Günter Heimbrock, Praktischer Theologe und Religionspädagoge, kann die Antwort gegeben werden:

> »Alles kirchliche Handeln ist nicht um seiner selbst willen da. Sein Sinn und Zweck ist Sorge für Menschen. Und zwar dadurch, daß es Orientierung gibt und Perspektiven humanen Lebens aus dem Evangelium, aus der Botschaft unbedingter Annahme durch Gott vermittelt. Die Gestalten solcher Hilfe sind historisch wandelbar, bedürfen immer neu der Anpassung an die Herausforderungen der Zeit.«[2]

Mit diesem Buch ist nicht nur die Absicht verbunden, noch einmal neu auf das Thema Jugendseelsorge aufmerksam zu machen. Vor allem ist es der Versuch, einer evangelischen Jugendseelsorge vor dem Hintergrund der gegenwärtigen, durchaus veränderten Herausforderungen – durch den zunehmenden Relevanzverlust jugendorientierten kirchlichen Handelns – noch einmal neu eine Gestalt zu geben. Die These lautet nun: Gegenwärtige Jugendseelsorge muss viel deutlicher dimensional, in Richtung einer *cura animarum generalis* (einer umfassenden Seelsorge) gedacht werden. Sie soll ihre Zeit und ihren Ort in den Zeit- und Ortsräumen der Lebenswirklichkeit junger Menschen haben.

---

2 Heimbrock 1996, 45.

Einleitung

> Jugendseelsorge sei als Ermutigung im Vertrauen auf Gottes Fürsorge definiert – oder genauer:
> Jugendseelsorge ist die ziel- und ressourcenorientierte Kooperation mit jungen Menschen im Vertrauen auf die Gottebenbildlichkeit des Menschen und auf seine Rechtfertigung und Heiligung in Christus.
> So verstanden ist sie zugleich mehrdimensional: Die Dimension des helfenden Handelns, die religiös bildende Dimension und die liturgisch-spirituelle Dimension sollen sich wechselseitig ergänzen und durchdringen.

Zum Aufbau

Kapitel 1 *Was ist Jugendseelsorge?* schaut zunächst auf Erfahrungen, die evangelische Jugendliche mit gegenwärtigem kirchlichen Handeln machen, und fragt nach Voraussetzungen einer als glaubwürdig und relevant erfahrbaren Jugendseelsorge.

Die Dimensionalität und die Mehrdimensionalität der Seelsorge mit jungen Menschen werden in einem zweiten Schritt beschrieben. Schließlich wird gefragt, wie Ermutigung als Grundausrichtung des jugendseelsorglichen Angebots gedacht werden kann.

Kapitel 2 *Jugendseelsorge im Horizont des Jugendalters* schaut vor allem auf entwicklungspsychologische Erkenntnisse zum Jugendalter und benennt die Kennzeichen gegenwärtiger Jugendreligiosität.

Kapitel 3 *Ziel- und ressourcenorientierte Jugendseelsorge* entwirft ein Anforderungsprofil für eine ziel- und ressourcenorientierte Jugendseelsorge: Validation, Komplexitätsreduktion und Progression werden als Aufgaben beschrieben.

Kapitel 4 *Praxis einer ziel- und ressourcenorientierten Jugendseelsorge* gibt Impulse für die praktische Arbeit in der Dimension des helfenden Handelns, der religiös bildenden und der liturgisch-spirituellen Dimension der Jugendseelsorge.

Das Buch lädt seine Leserinnen und Leser ein, selbst mit dem Thema Jugendseelsorge am eigenen Wirkungsort zu arbeiten. Jedes Kapitel beginnt mit einer »Anforderungssituation«. Sie kann als Impuls zur Reflexion der eigenen jugendseelsorglichen Praxis genutzt werden. Beispiele helfenden Handelns werden einzelnen Abschnitten zugeordnet, bleiben aber unkommentiert. Sie bieten Material für den kollegialen Austausch. Am Schluss folgt ein Ausblick, der den Leserinnen und Lesern überlassen wird – ein »Wunschzettel«: Was wäre gut? Was ist jeweils vor Ort im Blick auf das Handlungsfeld Jugendseelsorge wünschenswert?

Das »Kirchengesetz zum Schutz des Seelsorgegeheimnisses« (Seelsorgegeheimnisgesetz) stellt auch für die Jugendseelsorge den rechtlichen Rahmen dar. Es sei als Anhang beigegeben.

Ein herzlicher Dank geht an Andreas Behr, Stephan Da Re, Antje Koob, Gabriele Marhold-Wormsbächer und Peter Noß-Kolbe, die Fallbeispiele aus ihrer eigenen seelsorglichen Praxis beigetragen haben. Alle Beispiele sind selbstverständlich anonymisiert worden.

Hannover, im Dezember 2017   Matthias Günther

1 Was ist Jugendseelsorge?

Zum Einstieg:
Herr Müller versteht sich als Jugendseelsorger. Herr Müller ist betrübt. Aber warum? Welche Erfahrungen könnte er in seiner Arbeit gemacht haben?

Abb. 1: © panthermedia/yeletkeshet

1.1 Jugend und Kirche – Empirische Einblicke

Jüngere empirische Erhebungen, die fünfte EKD-Erhebung über Kirchenmitgliedschaft (KMU) 2012[3] und die *Bundesweite Studie zur Konfirmandenarbeit* 2007/2008[4], zeigen, dass die Mehrheit der evangelischen Jugendlichen kirchliches Handeln weder als glaubwürdig noch als relevant für ihr eigenes Leben erfährt. Einzelne Ergebnisse seien im Folgenden vorgestellt.

---

3   Bedford-Strohm/Jung 2015; vgl. dazu Hermelink/Leonhard/Schröder 2015; Schröder/Hermelink/Leonhard 2017.
4   Ilg/Schweitzer/Elsenbast 2009.

Kirchenverbundenheit

Seit der ersten KMU 1972 sind es die 14- bis 21-Jährigen, die die geringste Verbundenheit mit der Kirche bekunden (vgl. Abb. 2).[5] Der Vergleich der Ergebnisse der jüngsten Erhebung 2012 mit der vierten KMU 2002 und der dritten KMU 1992 ergibt, dass die Gruppe der »sehr/ziemlich verbundenen« evangelischen Jugendlichen in Westdeutschland mit 22 % etwa gleich klein geblieben ist.[6] Die mittlere Verbundenheit hat sich zudem deutlich verringert (von 42 % 2002 bzw. 34 % 1992 auf 26 % in 2012). Erstmals geben 2012 über 50 % der Jugendlichen an, mit der evangelischen Kirche kaum oder überhaupt nicht verbunden zu sein.

Von den bis 21-Jährigen, die schon einmal daran gedacht haben, aus der Kirche auszutreten (insgesamt 39 %[7]) äußern 56 %, dass ihnen die Kirche unglaubwürdig vorkomme, und 62 %, dass sie ihnen gleichgültig sei.[8]

Austausch über den Sinn des eigenen Lebens

33 % der evangelischen Jugendlichen geben an, sich mindestens selten über den Sinn des eigenen Lebens auszutauschen. Partnerinnen und Partner im persönlichen Gespräch (mit 82 % die wichtigste Weise des Austausches) sind vor allem Freundinnen und Freunde oder Bekannte (71 %) und Familienmitglieder (57 %). Kirchliche Mitarbeiterinnen und Mitarbeiter spielen mit 18 % beim Austausch über den Sinn des eigenen Lebens eine geringe Rolle (vgl. Abb. 3).[9]

---

5 Pickel 2015, 149; vgl. Rebenstorf 2017.
6 Sozialwissenschaftliches Institut der Evangelischen Kirche in Deutschland (Vortrag von Anne Elise Hallwaß am 7. Oktober 2014 in Loccum); vgl. Hermelink 2015, 14. Die Zahl der »sehr/ziemlich Verbundenen« ist in Ostdeutschland höher (2012: 40 %, 2002: 29 %, 1992: 35 %). Man wird vermuten dürfen: Je weniger Kirchenmitglieder, desto höher deren Verbundenheit mit der Kirche.
7 Vgl. Pickel 2015, 149.
8 Vgl. Hanusa 2015, 49.
9 Sozialwissenschaftliches Institut der Evangelischen Kirche in Deutschland (Vortrag von Anne Elise Hallwaß am 7. Oktober 2014 in Loccum); vgl. Hohensee/Schulz 2015; Hohensee 2017.

Jugend und Kirche

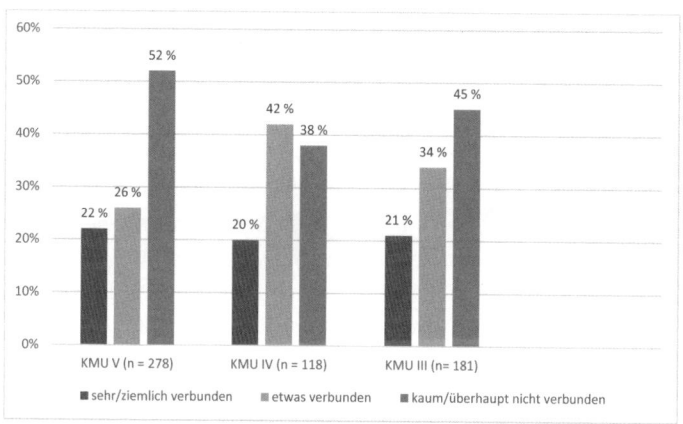

Abb. 2: Antworten der 14–21-jährigen evangelischen Jugendlichen in Westdeutschland auf die Frage »Das Gefühl der Verbundenheit mit der evangelischen Kirche kann ja verschieden stark sein. Wie verbunden fühlen Sie sich mit der evangelischen Kirche?«

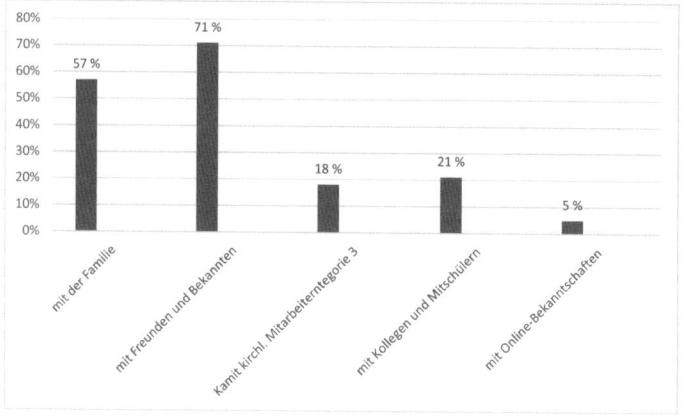

Abb. 3: Antworten der evangelischen 14–21-Jährigen (n = 60) auf die Frage »Tauschen Sie sich mit folgenden Personen über den Sinn des Lebens aus?«

Religiöse Sozialisation

Nur 31 % der Jugendlichen geben an, dass kirchliche Mitarbeitende ihre Einstellung zu Religion, Glauben und Kirche positiv beeinflusst haben. Für den Religionsunterricht liegt der Wert der Positivbeein-

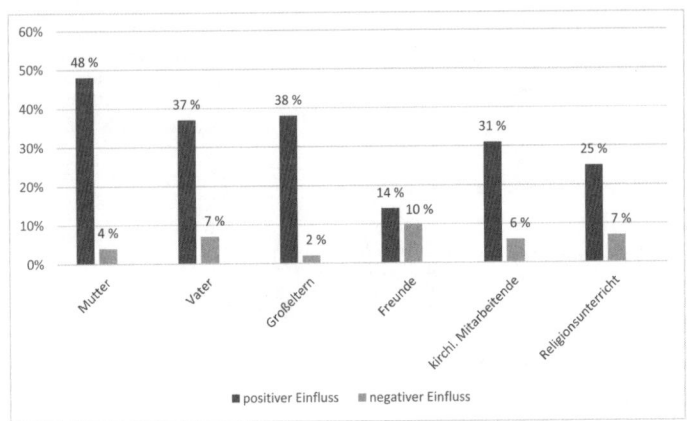

Abb. 4: Antworten der evangelischen 14–21-Jährigen (n = 166) auf die Frage »Bitte geben Sie für die folgenden Personen, Gruppen und sozialen Zusammenhänge an, ob Ihre Einstellung zu Religion, Glauben und Kirche durch sie eher positiv, eher negativ oder gar nicht beeinflusst wurde.«

flussung mit 25 % noch niedriger (vgl. Abb. 4).[10] Der positive Einfluss der Eltern (48 %/37 %) und Großeltern (38 %) führt zuerst in eine private Familienreligiosität, die nicht automatisch mit kirchlicher Sozialisation gleichzusetzen ist.[11]

Die Konfirmandenzeit

Etwa 90 % der evangelischen 14-Jährigen lassen sich konfirmieren. Ganz selten (etwa 2 %) bricht ein Konfirmand seine Konfirmandenzeit ab. Das Feedback, das die Konfirmandinnen und Konfirmanden kurz vor ihrer Konfirmation geben, ist positiv. 67 % der Konfirmandinnen und Konfirmanden sind mit ihrer Konfirmandenzeit insgesamt zufrieden.[12] Der Wert für die Zufriedenheit mit den für die

---

10 Sozialwissenschaftliches Institut der Evangelischen Kirche in Deutschland (Vortrag von Anne Elise Hallwaß am 7. Oktober 2014 in Loccum).
11 Vgl. Biesinger/Höller/Stehle 2011.
12 Vgl. Ilg/Schweitzer/Elsenbast 2009, 69 f.; Nachweise werden im Folgenden im Text gegeben. Die Ergebnisse der zweiten bundesweiten Studie (2012/2013) zeigen keine signifikanten Veränderungen (Schweitzer/Maaß/Lißmann/Hardecker/Ilg 2015).

Konfirmandenzeit Hauptverantwortlichen (72 %) sowie den anderen Mitarbeiterinnen und Mitarbeitern (69 %) fällt noch positiver aus (70). Und: 75 % der Konfirmandinnen und Konfirmanden attestieren der Kirche, sie tue »viel Gutes für die Menschen« (126).

Allerdings:

47 %, und damit fast die Hälfte der Konfirmandinnen und Konfirmanden, sind der Ansicht, dass das in der Konfirmandenzeit Gelernte mit ihrem Alltag wenig zu tun hat (66).

Nur 34 % der Jugendlichen bejahen die Aussage »In der Konfi-Zeit kamen auch meine Glaubensfragen zur Sprache« (66).

Lediglich 29 % haben den Eindruck, die Themen, die behandelt wurden, mitbestimmt zu haben (65).

Und nur 36 % der Jugendlichen trauen der Kirche zu, relevante Antworten auf Fragen, die sie wirklich bewegen, geben zu können (105).

Und schließlich: Die Zufriedenheit mit den Gottesdiensten während der Konfirmandenzeit hängt wesentlich davon ab, ob die Konfirmandinnen und Konfirmanden die Gottesdienste als jugendgemäß wahrgenommen haben (insgesamt 46 %) und selbst mitgestalten konnten (insgesamt 45 %; vgl. Abb. 5).

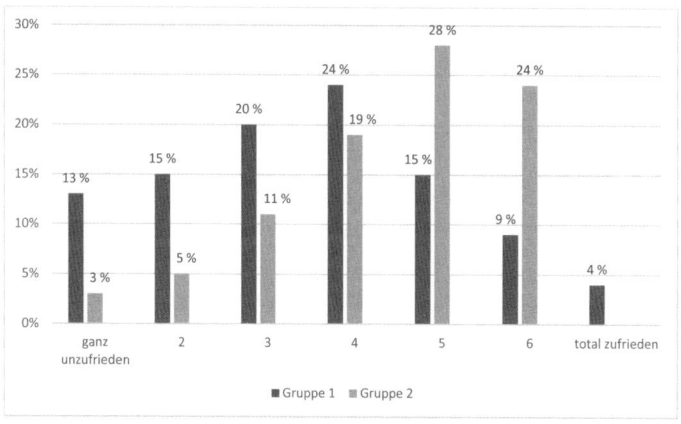

Abb. 5: Vergleich der Gottesdienst-Zufriedenheit von Gruppe 1 (n = 1901) ohne jugendgemäße Gottesdienste und ohne Gottesdienst-Mitgestaltung mit Gruppe 2 (n = 2702) mit jugendgemäßen Gottesdiensten und mit Gottesdienst-Mitgestaltung

»Die Jugendlichen, die nach eigenen Angaben jugendgemäße Gottesdienste erlebt haben und Gottesdienste mitgestalten konnten, sind am Ende mit 63 % zufrieden. War beides nicht der Fall, sinkt der Anteil der Zufriedenen auf 28 %.« (143)

Jugendseelsorge?
Die Mehrheit der evangelischen Jugendlichen würde wohl dankend ablehnen. Es fehlt ein jugendsensibles, besser: jugendseelsorgliches Klima, in dem helfendes Handeln, religiöse Bildung und liturgische Spiritualität von jungen Menschen als ihrer Lebenswirklichkeit grundsätzlich entsprechend und damit als grundsätzlich glaubwürdig sowie relevant für ihr eigenes Leben erfahren werden können. Oder genauer: Es mangelt an Wertschätzung, Mitgestaltungsmöglichkeiten und damit an Räumen, in denen Jugendliche Fortschritte in ihrem eigenen Leben wahrnehmen können.

1.2 Glaubwürdigkeit gründet in Wirklichkeitsentsprechung

Dietz Lange schreibt 1984 zum Thema *Erfahrung und die Glaubwürdigkeit des Glaubens*:

»Glaubwürdigkeit gründet in Wirklichkeitsentsprechung. Das muß erläutert werden. Wirklichkeit wird hier nicht verstanden als objektive Realität, res extensa, der ich als von ihr unabhängiges Subjekt gegenüberstünde, sondern als Geflecht von Beziehungen, oder besser: als Prozeß der Wechselwirkungen, an dem ich als Subjekt begrenzter Freiheit teilnehme.«[13]

Pastoralpsychologische und pastoralsoziologische Differenzierungs- und Spezialisierungsprozesse einer eng individuumszentriert geführten Seelsorge haben die Konzepte »in einer kaum noch übersehbaren Weise pluralisiert«[14]. Der Preis dieser Entwicklung ist nicht nur der verloren gegangene Blick auf den Menschen in seiner

---
13 Lange 1984, 1 f.
14 Klessmann 2005, 250.

Ganzheit, sondern auch der verloren gegangene Blick auf das kirchliche Handeln in seiner Ganzheit. Die Glaubwürdigkeit der Seelsorge setzt aber gerade voraus, dass Seelsorgerinnen und Seelsorger den Menschen im ganzen Prozess der Wechselwirkungen, an dem er als Subjekt begrenzter Freiheit teilnimmt, wahrnehmen. Nur so kann die Seelsorge ihm »Lebensperspektiven«[15] eröffnen.

Seelsorge hat es vordergründig mit der akuten Krise eines Menschen zu tun und versucht, den der Krise zugrunde liegenden Konflikt zu lokalisieren.[16] Eine akute Krise hat aber zumeist katalytische Wirkung: Sie verstärkt die Erfahrungen mit zuvor Erlebtem und drängt einen Menschen, vor dem Hintergrund dieser Erfahrungen das Krisengeschehen zu deuten. Welche Lebensbezüge ein Mensch in einer akuten Krise als belastet erfährt, wo er Deutungsanforderungen verstärkt verspürt, wo er aber auch über Deutungsressourcen verfügt und schließlich Handlungsoptionen entdecken kann, ist von Seelsorgerinnen und Seelsorgern nicht sicher vorherzusagen. So können angesichts einer akuten Krise vorrangig sowohl Fragen nach der Alltagsbewältigung (Sachwelt), den sozialen Kontakten (Mitmensch) und dem Selbstbild als auch nach dem letztgültigen Sinn der Erfahrung (nach der »Erfahrung mit der Erfahrung«) drängend werden:

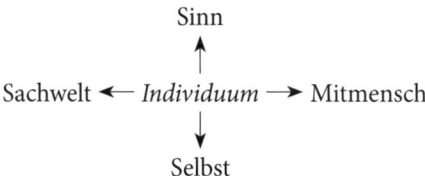

Eine dimensional verstandene Seelsorge öffnet Räume der Ermutigung.[17] Sie nimmt sowohl den einzelnen Menschen in seiner Ganz-

---

15 Zilleßen 1997, 35 f.
16 Vgl. den Überblick in Günther 2009c, 14–21.
17 Ziemer 2013, 56, bestimmt »dimensionale Seelsorge« folgendermaßen: »wenn in der gesamten Gemeindearbeit der seelsorgliche Aspekt gegenwärtig ist: in der seelsorglichen Predigt, im seelsorglichen Umgang mit Kindern und Jugendlichen, anders gesagt: wenn in einer Gemeinde oder

heit als auch das kirchliche Handeln in seiner Ganzheit in den Blick. Das Verständnis von Seelsorge als *cura animarum specialis* – Seelsorge bezieht sich auf den Einzelnen, ist persönliches Gespräch mit einem Menschen in einer akuten Krise – und das Verständnis von Seelsorge als *cura animarum generalis* – alles kirchliche Handeln hat seelsorgliche Bedeutung – gegenüberzustellen, ist nicht hilfreich. Seelsorge ist persönliche Ermutigung im Kontext des gesamten kirchlichen Handelns. Sie ist Einzelseelsorge (manchmal Seelsorge mit einer Gruppe) und zugleich allgemeine Seelsorge. Letzteres jedoch nicht in dem Sinn, dass alle kirchlichen Aufgaben mit Seelsorge identisch wären, sondern im Sinne der Komplementarität der kirchlichen Aufgaben, oder hier genauer: im Sinne der Mehrdimensionalität der Seelsorge.[18]

Schaut man aus der Perspektive der Jugendlichen auf die Seelsorge wird schnell deutlich: Jugendliche nehmen das Gesamt des kirchlichen Handelns in ihren Zeit- und Ortsräumen (Konfirmandenzeit, Schule, Gemeindeleben) als ihrer Lebenswirklichkeit entsprechend oder nicht entsprechend und damit als glaubwürdig oder unglaubwürdig, als relevant oder irrelevant wahr.

Beispiele:
– Wird die Unterrichtsstunde von Konfirmandinnen und Konfirmanden oder von Schülerinnen und Schülern als entmutigend erlebt, weil sie die Themen, die behandelt werden, nicht mitbestimmen können, ihre (Glaubens-)Fragen somit nicht vorkommen und das Gelernte schließlich mit ihrem Alltag wenig zu tun hat, werden sie ein »Tür-und-Angel-Gespräch« mit dem

---

 einer einzelnen Gruppe ein ›seelsorgliches Klima‹ entsteht, das Vertrauen fördert und den Einzelnen stärkt, ermutigt und ›auferbaut‹ (1 Kor 14,26).« Zu einer dimensional verstandenen Seelsorge im Lebensraum Schule vgl. Günther 2016.
18 Vgl. Schneider-Harpprecht 2005, 29 f.: »Seelsorge als *cura animarum generalis* hat zum Ziel, auf verschiedenen Ebenen des kirchlichen Lebens Beziehungssysteme zu schaffen, die seelsorglich wirksam sind, und die seelsorgliche Qualität der Beziehungen in den bestehenden kirchlichen Handlungsformen und Beziehungssystemen zu fördern. Seelsorge wird dadurch zur systemischen Praxis, welche die beratende, helfende, fürsorgende, spirituelle Dimension der Beziehungen in menschlichen Systemen gestaltet.«

oder der Unterrichtenden kaum als ermutigende Kurzzeit in Anspruch nehmen.
- Fehlt dem kirchlichen Mitarbeiter oder der Mitarbeiterin im Gespräch mit Jugendlichen die nötige reflexive Distanz zur kirchlichen oder theologischen Wirklichkeitsdeutung (auch zur eigenen Lebensdeutung), erfahren sich die jungen Menschen als Objekte in einem Zeit- und Ortsraum, der nicht ihrer ist.
- Gleiches gilt, wenn Konfirmandinnen und Konfirmanden direkt oder indirekt zum Besuch eines Gottesdienstes, auf dessen Gestaltung sie keinen Einfluss haben, gezwungen werden – und ihnen dann womöglich noch ein Platz auf der »Strafbank«, also in der ersten oder zweiten Reihe im Kirchenschiff, zugewiesen wird.

Solche Erlebnisse führen dazu, dass sich junge Menschen im permanenten Defizit gegenüber angeblich feststehenden Glaubensinhalten und -formen, gegenüber einer angeblich objektiven (Glaubens-) Realität erfahren müssen.[19] Eine nur punktuelle Seelsorglichkeit wird dann schnell als Strategie der Anbiederung entlarvt.

Im Blick auf eine grundsätzlich als glaubwürdig und relevant wahrnehmbare Jugendseelsorge ist damit dreierlei nötig:
1. Eine moderne Ausrichtung der Jugendseelsorge (vgl. Abb. 6), die nicht objekt-, sondern subjektorientiert denkt und handelt, die nicht an vermeintlichen Defiziten junger Menschen anknüpft, sondern sie ziel- und ressourcenorientiert unterstützt, Fortschritte zu machen, die sich also nicht als Seelsorge an oder für Jugendliche versteht[20], sondern als Seelsorge *mit* Jugendlichen;
2. Ein dimensionales anstelle eines sektoralen Verständnisses von Jugendseelsorge und
3. das Verständnis von Jugendseelsorge als mehrdimensionales Handlungsfeld.

---

19 Vgl. Feige/Gennerich 2008, 22.204, im Anschluss an Zilleßen 1997, 35 f., der solche Erfahrungen »eine Zumutung« nennt.
20 So das umfangreiche, vierteilige Werk von Werner Jentsch (1963–1986); bes. Teil IV, Erster Halbband: Stufenseelsorge. Seelsorge an Kindern, Jugendlichen und jungen Erwachsenen (1981); Haustein 1990; Riess/Fiedler 2009.

Abb. 6: Klassische und moderne Ausrichtung der Jugendseelsorge

1.3 Ein dimensionales anstelle eines sektoralen Verständnisses

Die Evangelische Akademie Loccum richtete vor mehr als zwanzig Jahren eine Tagung zum Thema »Lebensraum Schule. Zwischen Öffnung und Neubestimmung« aus. In seinem Beitrag »Schulleben – Erziehung zum Leben?« mahnte der Religionspädagoge Friedrich Schweitzer ein dimensionales anstelle eines sektoralen Verständnisses von Schulleben an. Das Schulleben solle übergreifend – als Dimension der Schule insgesamt – begriffen werden:

»Die Frage nach der Qualität von Schulleben stellt sich nicht erst am Nachmittag oder bei Arbeitsgemeinschaften – sie stellt sich im Unterricht ebenso wie beim morgendlichen Schulbeginn oder in den Pausen.«[21]

Gleiches ist zur Schulseelsorge zu sagen. Ihr übergeordnetes Ziel sollte es sein, ein seelsorgliches Klima im Schulleben insgesamt entstehen zu lassen. Und Gleiches gilt dann ebenfalls für die Jugendseelsorge. Ihr übergeordnetes Ziel sollte es sein, ein seelsorgliches Klima in den Zeit- und Ortsräumen Jugendlicher entstehen zu lassen. Die Aufgabe besteht darin, grundsätzlich zu definieren, was Jugendseelsorge ist, um dann zu fragen, wie Jugendseelsorge unter Berücksichtigung der Spezifika der unterschiedlichen Zeit- und Ortsräume Jugendlicher konkret werden kann (vgl. Abb. 7).[22] Dies gelingt frei-

---

21 Schweitzer 1995, 168.
22 So beklagt jüngst Wolfhard Schweiker zu Recht die primär religionspädagogische Verortung der Schulseelsorge in der Theologie und schreibt: »Vielmehr müsste der disziplinäre Wissenschaftsbezug [...] unter verstärkter Berücksichtigung der Poimenik praktisch-theologisch ausgerichtet werden« (2017, 284).

Ein dimensionales anstelle eines sektoralen Verständnisses

Abb. 7: Dimensional verstandene Jugendseelsorge

lich nur, wenn gemeindliche Seelsorge (vor allem in der Konfirmanden- und Jugendarbeit), schulbezogene Seelsorge und schulische Seelsorge in Theoriebildung, Aus- und Fortbildung und praktischer Ausrichtung eng kooperieren[23]: Praktische Theologie und Religionspädagogik auf der Ebene der Theoriebildung, Zentren für Seelsorge

---

23 Vgl. die aus religionsdidaktischer Perspektive formulierten Thesen Friedrich Schweitzers: »1. Die Religionsdidaktik für den schulischen Religionsunterricht braucht eine Religionspädagogik, die über die Schule hinausreicht.« »2. Die Gemeindepädagogik braucht die schulische Religionspädagogik als Partner.« (2010, 56 f.).

und religionspädagogische Institute in der Aus- und Fortbildung sowie Diakoninnen und Diakone, Gemeindepädagoginnen und Gemeindepädagogen, Schulseelsorgerinnen und Schulseelsorger sowie Religionslehrkräfte in Netzwerken vor Ort.

1.4 Jugendseelsorge als mehrdimensionales Handlungsfeld

Jugendseelsorge ist ein mehrdimensionales Handlungsfeld.[24] Die Dimension des helfenden Handelns, die religiös bildende Dimension und die liturgisch-spirituelle Dimension der Seelsorge müssen sich wechselseitig ergänzen und durchdringen (vgl. Abb. 8). Die Komplementarität der kirchlichen Aufgaben im Blick auf die Jugendseelsorge sei im Folgenden kurz skizziert.

Seelsorge als helfendes Handeln
Seelsorge ist als ziel- und ressourcenorientierte Kooperation mit einem Menschen, der die Hilfe einer Seelsorgerin oder eines Seelsorgers in Anspruch nimmt, immer helfendes Handeln, zumeist in der Form eines persönlichen Gespräches. Helfendes Handeln ist allerdings nicht Hilfe *am* Hilfesuchenden, sondern »mäeutisch« *mit* ihm. Dabei ist helfendes Handeln grundsätzlich offen für religiös bildende und liturgisch-spirituelle Formen.

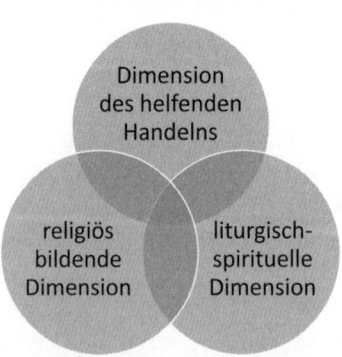

Abb. 8: Jugendseelsorge als mehrdimensionales Handlungsfeld

---

24 Die EKD hat die Mehrdimensionalität der Schulseelsorge deutlich benannt. Sie »bietet Rat und Hilfe sowie religiös-ethische und liturgisch-spirituelle Begleitung im sinnstiftenden Horizont des christlichen Glaubens« (Kirchenamt der Evangelischen Kirche Deutschlands 2015, 6).

Seelsorge und religiöse Bildung[25]

Hans-Günter Heimbrock versteht Bildung im Anschluss an den Pädagogen Heinz-Joachim Heydorn wie folgt:

> »Zu intendieren ist Bildung von Menschen nicht im Sinne materialer oder formaler Bildung, sondern in grundlegenderem Sinne. Bildung kann man mit H. J. Heydorn begreifen als ›Verfügung des Menschen über sich selber [...]. Dieser Prozess meint nichts anderes als fortschreitende Befreiung des Menschen zu sich selber, als Weg ins Freie [...]. Die Herstellung menschlicher Handlungsfähigkeit gegenüber der technologischen Revolution ist das vornehmste Problem der Bildung.‹ Bildung wäre dann etwas anderes als der Besitz von ›Bildungsgütern‹, wäre Erneuerung der Lebensformen, Befreiung des Bewußtseins und Aktualisierung der menschlichen Potentialität, in aufklärerischer Tradition. Ein solcher Bildungsbegriff gründet theologisch in der Gottesebenbildlichkeit und zielt auf Identitätsformung in Prozessen der Persönlichkeitsbildung, die nicht herstellbar sind. Alle Bildungsvorgänge müssen an dieser Zielsetzung gemessen werden.«[26]

Deutlich wird: Religiöse Bildung hat eine seelsorgliche Dimension. »Erneuerung der Lebensformen, Befreiung des Bewußtseins und Aktualisierung der menschlichen Potentialität« sind zweifellos seelsorgliche Ziele, die ohne Bildung nicht zu erreichen sind.[27] Daher gilt auch: Seelsorge hat eine religiös bildende Dimension.[28]

Seelsorge und religiöse Bildung können – weil nichts dagegen spricht – und sollten zueinander finden. Die Aufgaben sind nicht identisch, aber komplementär. Und dieses sich gegenseitige Ergänzen und Durchdringen ist besonders in der Arbeit mit Jugendlichen notwendig.

---

25 Vgl. Günther 2014a, 69–79.
26 Heimbrock 1996, 66 f., im Anschluss an Heydorn 1972, 120 f.
27 Zur Bildungsfähigkeit und Bildungsbedürftigkeit des Menschen vgl. Kirchenamt der Evangelischen Kirche Deutschlands 2009, 35 f.
28 So zuerst Schleiermacher 1850, 431.

Seelsorge und liturgische Spiritualität

Hier gilt, was Fulbert Steffensky als »Stärke und Schwäche des Protestantismus« bezeichnet:

> »Zeichen und Formen sprechen, sie sind deutlich, aber sie sprechen eine andere Sprache als die argumentativ-explizierende. Es ist eine Sprache, die eher verhüllt, als daß sie ins grelle Licht des Bewußtseins zerrt. Hier liegt wohl die Stärke und die Schwäche des Protestantismus. Seine Stärke: Er schätzt Bewusstheit, Klarheit, Sagbarkeit, Rationalität gegen alles Dunkelmännerhafte und Ungefähre. Seine Schwäche: Er glaubt, dass Bewusstheit und Sagbarkeit allein das Leben retten.«[29]

Bewusstheit, Klarheit, Sagbarkeit, Rationalität leben vom Vertrauen auf die dem ganzen Menschen geltende Fürsorge Gottes:

> »Wir brauchen uns nicht selber zu bezeugen, eine der großen Lebensentlastungen. Wir brauchen uns nicht selber zu suchen, denn wir sind gefunden, ehe wir suchen. Das gibt unserem Leben Spiel und befreit uns von allen Zwängen der Selbstbeabsichtigung.«[30]

Diese Freiheit will getan, gelernt (bedacht, angefragt, auch bezweifelt) und (!) gefeiert werden.

Wenn Jugendseelsorge für die jungen Menschen in allen ihren Dimensionen wahrnehmbar ist, kann ihnen Ermutigung im Vertrauen auf Gottes Fürsorge zur Ressource werden. Doch was ist Ermutigung?

---

29 Steffensky 2002, 101.
30 Steffensky 2010, 14.

1.5 Ermutigung im Vertrauen auf Gottes Fürsorge

Was ist Ermutigung?

Seelsorge ist Ermutigung[31]. Aber was ist Ermutigung? Ermutigung ist weit mehr als der gut gemeinte Zuspruch oder die Geste, die Mut machen soll, und vor allem ist sie etwas anderes als ein rezepthaft verschriebenes Therapeutikum.

Ermutigung als Grundausrichtung des jugendseelsorglichen Angebots ist ein Kooperationsprozess prinzipiell gleichwertiger Partner sowie die gemeinsame Suche nach Zielen, Ressourcen und Handlungsoptionen der jungen Menschen.

> Ermutigung in der Jugendseelsorge gründet im Vertrauen auf die Gottebenbildlichkeit des Menschen, damit auf seine von Gott geschenkte, unverlierbare Würde, und seine Rechtfertigung (seine Annahme) und Heiligung (sein Werden) in Christus.

Eine sich in der partnerschaftlichen Begegnung erweiternde Wahrnehmung kann nicht nur Alltägliches und Selbstverständliches aufbrechen und damit neue Handlungsspielräume sichtbar machen, sondern auch Gottes Fürsorge (1. Petr 5,7: »Alle eure Sorge werft auf ihn; denn er sorgt für euch.«) als eine glaubwürdige und relevante Perspektive der Hoffnung für die jeweils eigene Lebenswirklichkeit eröffnen. Ermutigung ist – so verstanden – eine Übung in Deutung und Kooperation *coram mundo et coram Deo* (vor der Welt und vor Gott) – Ps 18,30: »Mit meinem Gott kann ich über Mauern springen«.

---

31 »Die Verwendung des Begriffs der Ermutigung in der Psychologie und Pädagogik geht auf die Individualpsychologie Alfred Adlers (ab 1904) zurück, d. h. Adler kann mit guten Gründen als Begründer einer Ermutigungspsychologie bezeichnet werden« (Frick 2007, 48). Zum Begriff der Ermutigung in der Seelsorge vgl. Günther 1996; 2009a; 2010; 2011a; 2011/2012a.

Wie kann Ermutigung in der Jugendseelsorge nun konkret gelingen? Ein Blick aus psychologischer Perspektive hilft.

Die Individualpsychologie versteht unter Ermutigung nichts anderes als die Förderung der schon vorhandenen Fähigkeiten des Patienten bzw. der Patientin oder der Patienten. Dreierlei ist nach Robert F. Antoch Voraussetzung eines Ermutigungsprozesses:

> »Wer ermutigen will, muß die Eigenart seiner eigenen Maßstäbe und Einflußmöglichkeiten kennen.
> Wer ermutigen will, muß seine eigenen Maßstäbe ›vergessen‹ (genauer gesagt: zurückstellen) und sich selbst auf den Standpunkt des anderen, auf seine Gefühle und Interessen, einlassen können und ihn schließlich so annehmen und wertschätzen, wie er ist.
> Wer ermutigen will, muß also erstens sich selbst, zweitens den, den er ermutigen will – aber drittens auch das Problem, zu dessen Lösung er verhelfen will, hinreichend gut kennen und annehmen.«[32]

Ein Versuch, die Tätigkeit des Ermutigens auf das Ganze der zwischenmenschlichen Wirklichkeit, also auf den ganzen Prozess der Wechselwirkungen, an dem der Mensch teilnimmt, bezogen darzustellen, liegt mit Antochs Schema vor: »Was zu beachten ist, wenn die Person H [= Helfer] die Person Pl [= Problemlöser] ermutigen will.«[33] Die einzelnen Ziele und Voraussetzungen des Ermutigens, jeweils bezogen auf ein dem menschlichen Verhalten zugrundeliegendes Konzept, seien im Folgenden wiedergegeben:

---

32 Antoch 1981, 142 f.
33 Antoch 1980, 22; Antoch 1981, 144.

Tab. 1: Ziele und Voraussetzungen des Ermutigens

	Ziel, …	Voraussetzung, …
Lebensraum	die Beziehung zwischen Pl und seinem Problem zu intensivieren.	dass H sich in die Problemsituation einfühlen kann.
Wahrnehmung	durch Vervollständigung der Wahrnehmung das Problem präziser zu erfassen.	dass H sich Pl als ein an der Sache Interessierter zeigt.
Verursachung	die Problemlösungskompetenz von Pl zu erweitern.	dass H Pl als prinzipiell kompetent und in diesem Sinne als gleichwertig behandelt.
Können	dass Pl sich als Person erlebt, die zur Veränderung fähig ist.	dass H auf das Können von Pl vertraut.
Versuchen	dass Pl den Versuch genauso hoch bewertet wie den Erfolg.	dass H den Versuch genauso hoch bewertet wie den Erfolg.
Wollen	dass Pl sich in seinen Zielen verstanden und (wenigstens ansatzweise) akzeptiert fühlt.	dass H die Ziele von Pl erkundet und verstehen lernt.
Erleiden	dass Pl mögliche Rückschläge nicht als Beweise seiner Unfähigkeit wertet.	dass H die Erfolgs- und Misserfolgskriterien von Pl kennt.
Gefühle	dass Pl seine Gefühle ohne Angst annehmen und mit ihnen leben (= sich verändern) kann.	dass H die Gefühle von Pl erkennt und achtet und doch in engem Kontakt mit seinen Gefühlen bleibt.
Gehören	die Beziehungen von Pl zur Sache zu verstärken: Sachbezogenheit als Bedingung eines ausgewogenen Selbstwertgefühls.	dass H das Problem nicht an sich reißt.
Sollen	den »Ausgang (von Pl) aus seiner selbstverschuldeten Unmündigkeit« zu bewirken.	dass H Pl nicht mit bestimmten Normensetzungen überrumpelt, sondern ihn am Aushandeln der Normen als gleichwertigen Partner beteiligt.

Ermutigung sei somit

»[…] derjenige Kooperationsprozeß, der zwischen zwei Personen in Gang kommen kann, wenn der eine zur Lösung eines für ihn allein nicht lösbar erscheinenden Problems die Hilfe eines anderen in Anspruch nimmt. Jeder Versuch der Ermutigung hat zur Voraussetzung, daß sich die Kooperationspartner trotz ihrer verschiedenen Funktionen als prinzipiell gleichwertig verstehen und daß der Partner in der Hilfsfunktion die Lösung nicht mit von außen herangetragenen Mitteln, sondern im Wesentlichen mit Hilfe von Mitteln und Motivationen vorantreibt, die er bei seinem Gegenüber vorfindet und belebt. Ein Ermutigungsversuch ist erfolgreich verlaufen, wenn der Betroffene das Problem aus einer erweiterten Einsicht in die eigenen Wünsche und Vorstellungen, in Sachnotwendigkeiten und in die Forderungen seiner sozialen Umwelt einer für ihn und seine Umwelt sachgerechten Lösung zuführen kann.«[34]

Ermutigung in der Jugendseelsorge

Individualpsychologische Therapie ist nicht Seelsorge. Alfred Adler, Arzt, Psychotherapeut und Begründer der Individualpsychologie, hat den Sinn des Lebens als »Überwindung der gegenwärtigen Realität zugunsten einer besseren«[35] bestimmt, diesen aber nicht als von Gott gegeben geglaubt. Dennoch kann das Gespräch mit der Individualpsychologie hinsichtlich der Konzeption von Jugendseelsorge ertragreich sein.

Ermutigung soll sich innerhalb der individualpsychologischen Therapie zunächst (als deren emotionaler Aspekt) konkretisieren, indem der Patient bzw. die Patientin in allen seinen bzw. ihren Äußerungen ernst genommen wird, Gefühle, vor allem die Einschätzung seiner bzw. ihrer Lebensbezüge erkannt und geachtet werden. Übertragen auf die jugendseelsorgliche Praxis bedeutet dies: Jugendliche sollen als Personen, in ihrem Sosein, ernst genommen und auch ihre religiösen und weltanschaulichen Stand-

---
34 Antoch 1982, 23 f.
35 Adler 1933/2008, 69.

punkte erkannt und geachtet werden, sodass sie, ohne Angst um den eigenen Wert haben zu müssen und daher ohne auf Werterhaltungsstrategien zurückgreifen zu müssen, ihre eigenen Beiträge einbringen können.

Weiterhin besteht Ermutigung in der Therapie (als deren kognitiver Aspekt) in einem gemeinsamen Wahrnehmen der Problemsituation. Therapeut bzw. Therapeutin und Patient bzw. Patientin versuchen gemeinsam, die Ziele des Patienten bzw. der Patientin zu erkunden und zu verstehen. Der Therapeut bzw. die Therapeutin wird hierbei darauf achten, dass das akute Problem in einem möglichst weiten Kontext gesehen wird, um so die Problemlösungskompetenz des Patienten bzw. der Patientin zu stärken, von der grundsätzlich ausgegangen wird. Der Welterschließungsmodus, den die Seelsorge bereithält, bietet den jungen Menschen ein Mehr an Deutungsbausteinen und führt zu einer Stärkung ihrer Deutungskompetenz. Ist das Mehr nicht nur lernbar, sondern auch erfahrbar, eröffnet es die Möglichkeit gelingender Kooperation. Anders ausgedrückt: Die Fürsorge Gottes führt in die Gemeinschaft.

In der individualpsychologischen Therapie soll der Patient bzw. die Patientin in der Beziehung zum Therapeuten bzw. der Therapeutin die Erfahrung von Kooperation machen und diese Erfahrung außerhalb der Therapie umsetzen (der technische Aspekt der Ermutigung). Für die seelsorgliche Praxis kann gesagt werden: Wenn Jugendliche das Erlebnis des »Auch-Könnens« machen sollen, muss der Versuch immer genauso hoch bewertet werden wie der Erfolg. Das Ziel sollte es sein, dass sie Erfahrungen von gelingender Kommunikation, Partizipation und Kontribution bis hin zu gelingender Kooperation in der Seelsorge machen und in ihrem individuellen Lebenskontext umzusetzen versuchen.

Jugendseelsorge soll somit als Ermutigung im Vertrauen auf Gottes Fürsorge verstanden werden – oder präziser:

> Jugendseelsorge ist die ziel- und ressourcenorientierte Kooperation mit jungen Menschen im Vertrauen auf die Gottebenbildlichkeit des Menschen und auf seine Rechtfertigung und Heiligung in Christus.

Können junge Menschen eine solche Jugendseelsorge grundsätzlich als wirklichkeitsentsprechend und damit als glaubwürdig sowie relevant für ihr eigenes Leben erfahren? Die Blickrichtung der folgenden Überlegungen wird nun eine andere sein: in Richtung der Jugendlichen.

2 Jugendseelsorge im Horizont des Jugendalters

Zum Einstieg:
Sina ist 16.
Aber wer ist Sina?
Wie erlebt Sina ihre Jugendzeit?
Was glaubt Sina?

Abb. 9: © panthermedia/lemm

2.1 Das Jugendalter – keine Zeit der Krise, sondern des Wandels

Friedrich Schweitzer schrieb bereits vor zehn Jahren zur Schulseelsorge:

»Lange Zeit war die seelsorgerliche Arbeit mit Jugendlichen kaum anerkannt. In Lehrbüchern der Seelsorge kamen Jugendliche nicht vor, und umgekehrt fehlte in (religions-)pädagogischen Darstellungen zum Jugendalter die Seelsorge. Trotz einiger beachtlicher Pionierleistungen aus früherer Zeit handelt es sich bei der verstärkten Aufmerksamkeit für Seelsorge mit Jugendlichen um eine neue Entwicklung, auch wenn die entsprechende Praxis in unausdrücklicher Form gewiss weiter zurückreicht. In der verstärkten Wahrnehmung von Jugendseelsorge spiegelt sich eine veränderte Sicht von Jugendlichen, die nun stärker als selbständiges Gegenüber wahrgenommen werden oder zumindest wahrgenommen werden sollen.«[36]

Obgleich seitdem zahlreiche für die seelsorgliche Arbeit mit Jugendlichen in Schule und Gemeinde relevante Studien publiziert wurden[37], werden Jugendliche in der seelsorglichen Praxis noch unzureichend als »selbständige Gegenüber« oder genauer: als Kooperationspartner gesehen.

2.1.1 Der Einfluss der klassischen Entwicklungspsychologie

Die Sicht des Jugendalters steht oftmals noch immer unter dem Einfluss der klassischen europäischen Entwicklungspsychologie der zwanziger und dreißiger Jahre des vergangenen Jahrhunderts (vor allem die Arbeiten Charlotte Bühlers und Eduard Sprangers[38] prägen das Bild von Jugendlichen). Und das nicht, obwohl Ende der 60er-, Anfang der 70er-Jahre mit dieser entwicklungspsychologischen Tradition gebrochen wurde, sondern weil der Bruch allzu hart war. Indem mit der Abkehr von der klassischen Entwicklungspsychologie der Verlust der ganzheitlichen Perspektive einherging, war der Weg versperrt, die Grundthese, das Jugendalter führe durch die Krise, einer Überprüfung zu unterziehen, und so bleibt sie weiterhin als Vorurteil bestehen. Drei Beispiele aus verschiedenen Jahrzehnten:

---

36 Schweitzer 2008, 99. Gut fünfzehn Jahre früher schrieb Schweitzer: »Betrachtet man schulpädagogische Veröffentlichungen einerseits und Darstellungen aus der Jugendforschung andererseits, könnte man meinen, daß Schüler und Schülerinnen keine Jugendlichen sind oder daß umgekehrt Jugendliche nicht zur Schule gehen« (1996, 144).
37 Eine Auswahl: Feige/Gennerich 2008; Gennerich 2010; Borchard/Calmbach 2013; Calmbach/Borgstedt/Borchard/Flaig 2016; Schweitzer/Hardecker/Maaß/Ilg/Lißmann 2016.
38 Bühler 1922/1967; Bühler 1929/1967; Spranger 1924/1979.

Dieter Stoodt, dessen Anliegen eine sozialisationsbegleitende Konzeption ist, schreibt 1973 im Anschluss an Erik H. Erikson[39]:

»Wir haben es bei unseren Konfirmanden mit Kindern zu tun, die nicht einfach ›nette‹ Buben und Mädchen sein können, die vielmehr verzweifelt nach einem befriedigenden Gefühl der Zugehörigkeit suchen. Sie erleben, nach einer Phase eines relativ stabilen Gleichgewichts, nun den Übergang in eine Phase der Labilität, eine psychische Revolution, in der Affekte und Emotionen dominieren, in der Selbstdisziplin eingeschränkt ist, abrupte Stimmungsumschwünge und unstetes Verhalten typisch werden. Kurz, unsere Konfirmanden sind gleichsam in permanente innere und äußere Konflikte gestellt, die sich auf Werte, Einstellungen und Lebensstile beziehen und Sensibilität und Aggression steigern.«[40]

Horst Klaus Berg[41] fragt zwanzig Jahre später: »Welche Probleme bewegen die Schüler? Wo brauchen sie Orientierung?« Sieben Stichworte werden genannt, um die »Situation der jungen Generation« (20) zu kennzeichnen:
- Die Kompliziertheit des Lebens löse Angst aus (20).
- Die »Rädchenexistenz« erzeuge ein Gefühl der Ohnmacht (20).
- Die Anonymität verursache die oft von starker Unsicherheit und Verletzlichkeit begleitete Suche nach der eigenen Identität (22).
- Die Bedrohungsgesellschaft sei den Kindern und Jugendlichen schärfer und radikaler bewusst als den Erwachsenen (22).
- Die Hoffnungslosigkeit und Resignation seien der Boden für die »Null-Bock-Einstellung« der Jungen (22 f.).
- Der Zwang zur Perfektion erzeuge in der Mehrheit ich-schwache, ängstliche, oft kranke Kinder (23).
- Das Leben in einer hektischen, lauten, künstlichen Welt sei dafür verantwortlich, dass in vielen Lebensbereichen die Unmittelbarkeit der Wahrnehmung und des Ausdrucks verloren gegangen ist (23 f.).

---

39 Vgl. Erikson 1970/2003.
40 Stoodt 1973/1982, 297.
41 Berg 1993; Nachweise werden im Folgenden im Text gegeben.

Berg fasst zusammen:

»Das alles sind Probleme, die die Heranwachsenden bedrücken. Fragen, die sie stellen. Nicht immer sind diese ohne weiteres zu erkennen. Oft sind sie den Heranwachsenden selbst nicht bewußt, sondern äußern sich in Erscheinungen wie Unlust, Aggressionen, Konzentrationsschwäche oder in psychosomatischen Erkrankungen.« (24)

Noch einmal fast fünfzehn Jahre später schreibt Gerhard Büttner unter der Überschrift »Schülerseelsorge als Begleitung in den Krisen des Jugendalters«:

»Auch angesichts spezifischer postmoderner Veränderungen ist [das Jugendalter] nach wie vor bestimmt durch häufige krisenhafte Phasen der Identitätsbildung und der beruflichen Orientierung. Diese manifestieren sich dann nicht zuletzt in den zahlreichen Devianzen und Exzessen, seien es Drogen, Gewalt oder Sympathien für extremistische Gruppen jeglicher Couleur. Angesichts eines solchen Sachverhaltes werden sich auch die Formen der Begleitung den vorfindlichen Bedingungen anzupassen haben.«[42]

Das Vorverständnis, das Jugendalter sei eine Zeit der Krise, wirkt weiter. Die Erkenntnisse der modernen Entwicklungspsychologie insbesondere der 80er- und 90er-Jahre sollten in stärkerem Maße in die konzeptionelle und praktische Arbeit mit Jugendlichen einfließen. Daher nun ein erneuter genauerer Blick auf das Jugendalter in der Perspektive der modernen Entwicklungspsychologie.[43]

2.1.2 Die Sicht der modernen Entwicklungspsychologie
Ein wesentliches Ziel der großangelegten Untersuchung des Züricher Psychologen Helmut Fend (1979–1983 an der Universität

---

42 Büttner 2009, 514.
43 Vgl. Günther 2009c, 104–114.

Konstanz durchgeführt; befragt wurden 12–16-Jährige)[44] war es, die Grundthese der klassischen Entwicklungspsychologie zu überprüfen, das Jugendalter, insbesondere die Frühadoleszenz sei die Phase eines krisenhaften Geschehens.[45] Im Folgenden sollen die verschiedenen Aspekte der klassischen Sicht des Jugendalters und die entsprechenden Ergebnisse Fends gegenübergestellt werden.[46] Folgende Aspekte sind von Fend untersucht worden:
- Die Frühadoleszenz sei eine Phase der Destabilisierung, der Selbstzweifel, der Lebensunzufriedenheit, des negativen Lebensgefühls und der Selbstabwertung (80).
- Die Frühadoleszenz repräsentiere eine Phase der gesundheitlichen Belastung (80).
- In der Frühadoleszenz erhöhe sich die Selbstaufmerksamkeit, die Beobachtung richte sich auf das eigene Innenleben (80).
- Mit der Destabilisierung gehe ein Leistungs- und Haltungsverfall einher (80).
- Die Frühadoleszenz sei eine Phase der Abwendung von den Erwachsenen, eine Phase der Distanzierung von Eltern und Lehrkräften (80).
- In Bezug auf die Gleichaltrigen ergebe sich eine Doppelbewegung: Einmal nehme die Hinwendung zu den Freunden als Gesprächspartnern oder als Vertrauenspersonen zu, zum anderen aber steige die Isolierungstendenz, der Jugendliche sei jetzt gerne allein, die alte Klassensolidarität schwinde und die Anzahl der Freunde gehe zurück (80 f.).
- Die Destabilisierung drücke sich in einem Wechsel zwischen Aktivität und Passivität aus (81).
- Nach der ersten Phase der Destabilisierung setzten Aufbauprozesse der Persönlichkeit ein, die sich insbesondere in einer

---

44 Fend 1990/1992–1998.
45 Bis Ende der 70er-Jahre sind wenige Einzeluntersuchungen einer Überprüfung der überkommenen Anschauungen gewidmet worden, die jedoch bereits zeigen, dass die Frühadoleszenz eher von Stabilität und kontinuierlichen Entwicklungssträngen gekennzeichnet ist (vgl. Oerter/Montada 1998, 310–395).
46 Vgl. Fend 1990/1992, 80–124; Nachweise werden im Folgenden im Text gegeben.

intensiveren Hinwendung zu kulturellen Angeboten und politischen Problemen, zu Überlegungen über Möglichkeiten des Lebens in dieser Welt äußern (81).

Der Konstanzer Längsschnitt (fünf Messzeitpunkte, n = 851) ergab nun folgende Ergebnisse:

Destabilisierung?
Merkbare Destabilisierungen kann Fend nicht feststellen. Im Gegenteil nimmt die Selbstakzeptanz der 12–16-Jährigen in einigen Items zu (die Prozentsätze der Zustimmung zu der Feststellung »Manchmal wünsche ich mir, ich wäre anders« sinken merkbar [83]). So ist des Weiteren ein verunsichertes Körperselbstbild nicht nachzuweisen. Gleiches ergibt sich hinsichtlich der Annahme deutlich steigender emotionaler Labilität in Form reduzierter Emotionskontrolle (83 f.). In der Leistungsangst sind altersspezifische Änderungen kaum zu beobachten. Vielmehr zeigt sich eine Stabilisierung der Handlungsregulation (die Prozentsätze der Zustimmung zu der Feststellung »Ich habe mir schon oft etwas vorgenommen und es nicht erreicht« gehen bis zum 15. Lebensjahr deutlich zurück [84]). Fend kommt daher zu dem Schluss, dass »[d]ie Altersentwicklung [...] eher in Richtung einer größeren Stabilisierung« verläuft (86).[47]

Gesundheitliche Belastungen?
Fends Untersuchung bestätigt die genannte Hypothese. Die Verschlechterung des im zwölften Lebensjahr sehr positiven Gesundheitsgefühls bis zum 15. Lebensjahr ist auffällig (die Zustimmung zu der Feststellung »Ich fühle mich gesundheitlich sehr wohl« sinkt von etwa 55 % auf etwa 33 % [87]). Sie fällt bei Mädchen wahrscheinlich deshalb wesentlich deutlicher aus, so Fend, da Mädchen eher dazu neigen, Belastungen somatisierend und nach innen gerichtet zu verarbeiten (88 f.). Insgesamt verschlechtert sich das Gefühl des Wohlbefindens, und die Erschöpfungsanfälligkeit in und nach der Schule steigt.

---

47 Die geschlechtsspezifischen Unterschiede sind nicht erheblich, zeigen jedoch, dass Mädchen in beiden Dimensionen weniger stabil als Jungen sind.

Innenwendung?
Fend kommt zu dem Ergebnis, dass die Tendenz zur Selbstbeobachtung bei Mädchen mit zunehmendem Alter ansteigt, bei Jungen bis zum 15. Lebensjahr annähernd konstant bleibt.

Leistungseinbruch?
Weder lässt sich ein gravierender schulstufenbezogener Rückgang der Notendurchschnitte, noch eine gravierende Häufung von Klassenwiederholungen feststellen (92 f.). Auch die Zeitinvestitionen zeigen keine wesentlichen Veränderungen vom 12. zum 16. Lebensjahr. Doch aufgrund steigender Anforderungen, die ein Mehr an Zeit verlangen, bedeuten die konstanten Zeitinvestitionen eine sinkende Anstrengungsbereitschaft. Disziplinprobleme steigen bei Jungen deutlicher. Ein Zeichen dafür, dass sie Belastungen stärker externalisieren (95).

Distanzierung von der Welt der Erwachsenen?
Obgleich die Wahrnehmung eines positiven Eltern-Kind-Verhältnisses zurückgeht, ist dennoch kein deutlicher Anstieg von Dissens- und Konfliktpunkten zu bemerken (97 f.). Ebenso wenig sinkt die Gesprächsintensität. Allerdings wandeln sich die Gesprächsinhalte: Werden Eltern bei persönlichen Problemen zunehmend weniger als Vertrauenspersonen angesprochen, so kommt ihnen bei Orientierungsfragen zur Wirklichkeit höchste Bedeutung zu (99). Fend kommt nicht zu dem Schluss, »[...] dass sich das Eltern-Kind-Verhältnis heute beim Übergang von der Kindheit in die Adoleszenz besonders krisenhaft und konfliktreich gestaltet« (100). Doch es unterliegt dem Wandel. Die emotionale Distanz zu den Eltern wird größer, ebenso zu den Lehrenden in der Schule. Das Verhältnis wird wahrgenommen als

> »[...] weniger von persönlicher Zuwendung und persönlicher Aufsicht getragen, sondern mehr von einer eher distanzierten, leistungs- und notenbezogenen, kühlen und Selbständigkeit unterstellenden Kontrolle [...].« (102)

Kennzeichnend ist insgesamt die Reorganisation des Beziehungsmusters zu anderen.

»Die wichtigste Änderung besteht wohl darin, daß sich die Kinder von der gegebenen Liebe der Eltern zur aufgebenden der gleichaltrigen Partner fortentwickeln müssen. Dadurch taucht am Horizont die bittere Möglichkeit auf, Ablehnung zu erfahren. Sich dieser neuen Liebe zu vergewissern, wird nun zu einem Brennpunkt der Aufmerksamkeit.« (103)

Veränderung der sozialen Beziehungsverhältnisse?
Das Erwartungsmuster einer steigenden Vereinsamung in der Frühadoleszenz wird nicht bestätigt. Nur etwa 10 % der Befragten, so Fends Ergebnis, meinen, dass sie keinen richtigen Freund bzw. keine richtige Freundin haben (104). Entsprechend steigen mit zunehmendem Alter das Gefühl, sozial integriert zu sein, und das soziale Selbstvertrauen (105 f.). Der Klassenzusammenhang zeigt eine uneinheitliche Entwicklung: ein hohes Solidaritätspotenzial ist in der 6. Klassenstufe, dann wieder in der 10. Klassenstufe zu beobachten (108 f.). Vom 15. zum 16. Lebensjahr nimmt die Bedeutung von Schulleistungen als Statuskriterium merkbar zugunsten von gruppensolidarischem Verhalten ab, wobei Mädchen Schulleistungen eine noch einmal deutlich geringere Bedeutung zumessen. Fend fasst das Ergebnis zusammen:

»Insgesamt ergibt sich für den Bereich der sozialen Beziehungen unter Altersgleichen nicht das Bild einer sehr problemgeladenen Altersphase und sehr problemgeladener Entwicklungsstufe.« (109)

Passivität?
Der Konstanzer Längsschnitt bestätigt die genannte Hypothese nicht. Vielmehr bleiben Gruppenmitgliedschaften konstant, Gruppenverantwortungen innerhalb oder außerhalb des häuslichen Wirkungskreises erleben mit dem 14. Lebensjahr einen Höhepunkt. Fend führt Letzteres auf die intensivere kirchliche Aktivität protestantischer Jugendlicher vor der Konfirmation zurück (112). »Insgesamt«, so Fend, »belegen unsere Daten keine ins Auge springende Gefahr zu passivem Verhalten. Kontinuität von der Kindheit in die Adoleszenz charakterisiert hier die Szene« (114).

Enkulturationsprozesse

Das Wissen um demokratische Strukturen und die Analysekompetenz, so Fends Ergebnis, steigt mit zunehmendem Alter an (115), ebenso das politische Interesse. Dabei zeigt sich: »Jungen sind interessierter als Mädchen« (117). Allerdings ist »[d]er Prozeß des Erwachsens eines politischen Bewußtseins [...] von einer größeren emotionalen Distanz gegenüber den politischen Verhältnissen begleitet« (116). Das moralische Urteilsniveau steigt an – zunächst deutlicher bei Mädchen (117). In der Kulturentwicklung haben Mädchen einen deutlichen Vorsprung, dennoch lässt sich der erwartete Anstieg insgesamt nicht belegen: »Die kulturellen Interessen scheinen in dieser Lebensphase eher zu stagnieren« (118).

Fend fasst das Ergebnis des Längsschnittes wie folgt zusammen:

> »Insgesamt bietet sich uns nicht das Bild einer Lebensphase, die von einer Zunahme selbstzerstörerischer, grüblerischer, leidvoller und nach innen gewendeter Problemwahrnehmungen gekennzeichnet ist. Es offenbart sich eher eine pragmatisch orientierte, selbstbewußte und sozial extravertierte Jugendkohorte am Übergang von der Kindheit in die Adoleszenz. Sie ist skeptisch und informiert, an anderen Menschen interessiert, hat zu den Eltern überwiegend ein kommunikationsintensives und konfliktoffenes Verhältnis, öffnet sich den hedonistischen Möglichkeiten der gegenwärtigen historischen Epoche und sucht Sicherheit in intensiven sozialen Gesellungen mit Gleichaltrigen. Ohne im persönlichen Wohlbefinden stark betroffen zu sein, sieht sie die Zukunft eher skeptisch und die auf sie zukommenden Probleme nüchtern. Die Lebensziele dieser Altersphase verlagern sich auf den sicheren Abschluß der Schule und auf stabile Freundschaften mit Personen des eigenen und des anderen Geschlechts.« (119)

Der Übergang von der Kindheit ins Jugendalter lasse sowohl Wandel als auch Kontinuität erkennen. Die am deutlichsten feststellbare Kontinuität betreffe die Ich-Stärke und das Kontrollbewusstsein der Jugendlichen. »Es erfolgt hier nicht nur kein Einbruch, sondern auf den meisten Aspekten sogar eine Stärkung eines positiven Verhältnisses zu sich selbst« (120). Dem Wandel unterliege zum einen das Person-Umwelt-Verhältnis:

»Was vorher überhaupt nicht im Blickfeld war, wird jetzt wahrgenommen und beurteilt; die Interessen und Bewertungen haben sich verändert; der Radius der räumlichen Mobilität ist größer geworden; die Selbstorganisation von Unternehmungen ist gestiegen. Verändert haben sich aber besonders die sozialen Beziehungsverhältnisse: Eltern bleiben zwar wichtig, die emotionale Beziehung zu ihnen ist weiterhin sehr wesentlich; sie regulieren aber das Verhalten nicht mehr so ausschließlich und Altersgleiche werden zu wichtigen ergänzenden emotionalen und interpretativen Bezugsinstanzen.« (122)

Zum anderen wandele sich das Verhältnis der Person zu sich selbst:

»[…] sie muß ihr Selbstverständnis neu organisieren. Sie kann sich nicht mehr kindlich ›geben‹ ohne ausgelacht zu werden und sie kann sich nicht mehr selbst als Kind verstehen. Im Prozeß der Innenwendung und der Selbstreflexion baut sie ein neues Selbstbild, ein neues Selbstideal auf und beginnt die eigene Entwicklung mehr und mehr in die eigene Hand zu nehmen.« (122)

Der Konstanzer Längsschnitt zeigt somit, dass die Grundthese der klassischen Entwicklungspsychologie nicht länger als gültig angesehen werden kann.

Die Ergebnisse Fends sind 1993 durch eine Studie der Marburger und Hallenser Erziehungswissenschaftler Peter Büchner, Burkhard Fuhs und Heinz-Hermann Krüger[48] sowie 1999 durch eine Replikationsstudie in Holland[49] bestätigt worden. Ihre zur Selbstwahrnehmung von Kindern und Jugendlichen (10–15-Jährige: n = 2663) durchgeführte Befragung lässt ebenfalls keine entscheidenden Wahrnehmungsveränderungen in Richtung eines geringeren Selbstwertgefühls erkennen. Auch diese Studie kommt

---

48 Büchner/Fuhs/Krüger 1996.
49 Vgl. Büchner 1999.

zu dem Schluss, dass die Frühadoleszenz nicht als eine Krisenperiode angesehen werden kann. Anna Brake fasst das Ergebnis zusammen:

»Eine Sichtweise auf die beleuchtete Übergangsphase als von vornherein krisenhaftes Geschehen scheint [...] wenig angemessen. In der Regel scheinen Kinder und Jugendliche – zumindest was die Selbstwahrnehmung betrifft – recht gut gewappnet für ihren Weg aus der Kindheit. Zu merklichen Einbrüchen kommt es nicht (das schließt selbstverständlich nicht aus, dass diese Übergangszeit von einem Teil der Kinder und Jugendlichen durchaus als problematisch erlebt werden kann).«[50]

2.1.3 Die individualpsychologische Sicht des Jugendalters

An dieser Stelle lohnt es, noch einmal zurückzuschauen: auf die frühe individualpsychologische Sicht des Jugendalters. Der Schritt von der Entwicklungspsychologie Charlotte Bühlers, die Ausgangspunkt der Überlegungen war, zur Individualpsychologie Alfred Adlers ist gar nicht weit. Beide lehrten am 1923 in Wien wieder neu errichteten Pädagogischen Institut, beide verband die teleologische Sicht der Adoleszenz. Doch wehrte sich der Individualpsychologe – wie nun deutlich geworden ist, mit Recht – gegen die Annahme, die jungen Jugendlichen gingen mit dem Übergang von der Kindheit in die Jugend durch eine Krise.

Adler beschreibt die Adoleszenz im Abschnitt »Adoleszenz und Sexualerziehung« in seiner Monografie *Kindererziehung*[51]. Obgleich Adler die Adoleszenz als das Alter zwischen 14 und 20 Jahren bestimmt (119), auf eine weitere Differenzierung also verzichtet, zeigen die gewählten Fallbeispiele, nicht zuletzt die Formulierung »Kinder im Adoleszenzalter« (122 und ähnlich passim), dass er im Wesentlichen 14- und 15-Jährige im Blick hat. Adler beginnt den genannten Abschnitt mit einer deutlichen Abgrenzung von der Behandlung des Themas in der zeitgleichen Entwicklungspsychologie:

---

50 Brake 1996, 72.
51 Adler 1930/1976, 118–128; Nachweise werden im Folgenden im Text gegeben.

»Die Literatur über die Adoleszenz füllt ganze Bibliotheken. Das Thema ist in der Tat wichtig, doch nicht ganz so, wie die Leute sich das vorstellen. Heranwachsende sind nicht völlig gleich; wir haben es in dieser Gruppe mit der ganzen Vielfalt von Kindern zu tun – mit strebsamen Kindern, mit unbeholfenen Kindern, mit Kindern, die adrett gekleidet sind, mit solchen, die höchst ungepflegt herumlaufen usw. Wir treffen auch auf erwachsene Personen und sogar alte Menschen, die wie Heranwachsende aussehen und sich so verhalten. Vom Standpunkt der Individualpsychologie aus betrachtet, ist dies nicht sonderlich überraschend, denn es bedeutet schlicht und einfach, daß diese Menschen in einem bestimmten Entwicklungsstadium stehengeblieben sind. Für die Individualpsychologie ist die Adoleszenz in der Tat nichts als eine Entwicklungsphase, die alle Individuen durchlaufen müssen. Wir sind nicht der Meinung, daß irgendeine Entwicklungsphase oder auch irgendeine Situation eine Person ändern kann. Doch solch eine Phase wirkt wie ein Test – als eine neue Situation, welche die in der Vergangenheit ausgebildeten Charakterzüge zum Vorschein bringt.« (118)

Die Äußerungen der Adoleszenten entsprechen daher stets ihrem jeweiligen Lebensstil. Keine Äußerung, welcher Art auch immer,

»[…] bildet sich in der Adoleszenz, sie kommen vielmehr in dieser Phase nur klarer zum Vorschein, steigen gleichsam zur Oberfläche – vorbereitet wird ihr Auftauchen in früherer Zeit.« (109)

Das heißt:

»In der Adoleszenz können wir den Lebensstil eines Menschen besser erkennen als je zuvor. Der Grund liegt natürlich darin, daß die Adoleszenz der Lebensfront näher liegt als die Kindheit.« (109)

Die »neue Situation« der Adoleszenz beschreibt Adler im Abschnitt »Jugendalter« seiner Arbeit *Wozu leben wir?*[52]:

---

52   Adler 1931/1979, 146–156; das folgende Zitat: 146.

»Das Jugendalter bedeutet für beinahe jedes Kind vor allem eines: es muß beweisen, daß es nun kein Kind mehr ist. Wenn wir es davon überzeugen könnten, daß es das nicht zu beweisen braucht, würde der Situation eine große Portion Spannung genommen. Aber wenn das Kind fühlt, daß es das erst beweisen muß, wird es natürlich seinen Standpunkt überbetonen. Sehr viele Ausdrucksformen des Jugendalters sind das Ergebnis des Verlangens nach Unabhängigkeit, Gleichheit mit den Erwachsenen und Mannhaftigkeit oder Weiblichkeit. Die Richtung der Ausdrucksformen hängt von dem Sinn ab, dem das Kind dem Wort ›Erwachsensein‹ gibt. Wenn es Freiheit bedeutet, wird das Kind gegen jede Einschränkung kämpfen. Zu dieser Zeit beginnen viele Kinder zu rauchen, zu fluchen und abends erst spät nach Hause zu kommen. Einige legen eine unerwartete Opposition ihren Eltern gegenüber an den Tag, und ihre Eltern wundern sich, wie ein bisher gehorsames Kind nur so ungehorsam werden konnte. Das ist keine wirkliche Änderung der Haltung. Das scheinbar gehorsame Kind stand immer in Opposition zu seinen Eltern, aber erst als es mehr Freiheit und Stärke besaß, fühlte es sich fähig, seine Feindschaft offen zu erklären.«

Die Beschreibung des Adoleszentenverhaltens allein als Ausdruck des Lebensstils Jugendlicher wurde bereits 1926 von Herman Nohl als zu weitgehend kritisiert. Doch sind entscheidende Vorzüge der Adler'schen Sicht gegenüber der zeitgleichen Entwicklungspsychologie nicht zu leugnen. So negiert Adler die übliche – und aus heutiger Sicht nicht mehr haltbare – Einteilung der seelischen Entwicklung in Phasen mit einem regelmäßigen Auf und Ab von Verunsicherung und Stabilisierung zugunsten der Teleologie. Entsprechend bestreitet er einen Kausalzusammenhang von körperlicher und seelischer Entwicklung. Von entscheidender Bedeutung ist für Adler vielmehr der soziale Kontext, in dem die Jugendlichen stehen: Sobald die Sorge des Adoleszenten um den eigenen Wert das produktive Gefühl des Noch-nicht-Könnens (bzw. -Seins) im Vergleich mit anderen übersteigt, resultiert sein Verhalten aus dem Ziel, das Verhältnis von eigener Unterlegenheit und Überlegenheit der anderen umzukehren. Die Aufgaben des Lebens werden zwar bejaht, doch ihre Lösung wird durch ein Ausweichen auf scheinbar sicheres Terrain verhindert, solange der Irrtum des Lebensstils, das Gefühl des Nicht-Könnens (besser: Niemals-Können-Werdens, Niemals-Sein-Werdens), nicht durchschaut ist.

Für Adler ergibt sich daraus zuallererst die pädagogische Aufgabe, dieser Entmutigung entgegenzuwirken (»der Situation die Spannung nehmen«), um dann durch die Stärkung der Kooperationsfähigkeit die Vorbereitung auf das gemeinschaftliche Leben zu fördern (das richtige Training für die Lebensprobleme[53]). Die individualpsychologische Pädagogik zielt somit auf den »Begabungswandel« ab, d. h. auf die Wandlung von einer auf Irrtümern beruhenden Unbegabtheit zu einer Begabtheit durch die Änderung des Lebensstils. Der Wandel gelinge durch die Stärkung des Interesses am Mitmenschen[54] sowie – folgerichtig – unter Vermeidung von Autorität[55] und bei völligem Verzicht auf Strafe.

---

53 Adler 1931/1979, 148: »Alle Gefahren des Jugendalters entstammen einem Mangel an richtigem Training und richtiger Ausrüstung für die drei Lebensprobleme [sc. Beruf, Liebe, Gesellschaft]. Wenn die Kinder sich vor der Zukunft fürchten, ist es durchaus verständlich, daß sie in der Regel versuchen, ihr mit Methoden zu begegnen, die geringe Anstrengungen erfordern. Je mehr ein solches Kind kommandiert, ermahnt und kritisiert wird, desto stärker wird sein Eindruck, daß es vor einem Abgrund steht. Wenn wir es nicht ermutigen können, wird jeder Versuch ihm zu helfen, ein Fehler sein und ihm noch weiteren Schaden zufügen.«
54 Vgl. Adler 1931/1979, 149 f.: »Eine große Zahl von Fehlschlägen im Jugendalter tritt bei verzärtelten Kindern auf. Das Näherkommen der Erwachsenenverantwortlichkeit ist eine besondere Anstrengung für solche Kinder, die gewöhnt waren, daß ihre Eltern alles für sie erledigen. Zu dieser Zeit finden wir scheinbare Umkehrungen. Kinder, von denen am meisten erwartet wurde, beginnen manchmal beim Lernen und bei der Arbeit zu versagen […]. Andere werden durch die neue Freiheit erst angeregt. Sie sehen den Weg, der zur Erfüllung ihres Ehrgeizes führt, klar vor sich. Sie sind voll von neuen Ideen und Plänen. Ihr schöpferisches Leben wird intensiviert, und ihr Interesse an allen Aspekten der menschlichen Entwicklung wird lebendiger und stärker. Dies sind die Kinder, die ihren Mut behalten haben und für die Selbständigkeit nicht Schwierigkeit und Gefahr einer Niederlage bedeutet, sondern eine größere Möglichkeit, Leistungen zu vollbringen.«
55 Vgl. Adler 1927/2007, 223: »Es ist unmöglich, dem Kind ohne nachteilige Folgen für seine seelische Entwicklung eine Autorität aufzuzwingen. Das Autoritätsgefühl darf sich nicht auf eine gewaltsame Einflussnahme gründen, sondern muss auf dem Gemeinschaftsgefühl beruhen.«

Die Ziele individualpsychologisch-pädagogischer Praxis lassen sich wie folgt benennen. Es gilt,
- der Entmutigung der jungen Menschen vorzubeugen bzw. entgegenzuwirken, d. h. die Jugendlichen zu ermutigen[56], und
- ihre Kooperationsfähigkeit (auf dem Weg von der Kommunikation über die Partizipation und die Kontribution zur Kooperation) zu stärken.

2.2 Krisenbewältigung in der Zeit des Wandels

Auch »pragmatisch orientierte[n], selbstbewußte[n] und sozial extravertierte[n]«[57] Jugendlichen bleiben Krisen nicht erspart. Wie bewältigen sie Krisen in ihrer Zeit des Wandels? Was muss die Jugendseelsorge zur Krisenbewältigung Jugendlicher in dieser Zeit beachten? Zur Beantwortung dieser Fragen hilft zunächst ein Blick auf die für Jugendliche relevanten Themen.

2.2.1 Für Jugendliche relevante Themen
Welche Themen im Leben junger Menschen relevant sind, muss in ihren Zeit- und Ortsräumen erkundet werden. Darüber hinaus kann der folgende Überblick hilfreich sein.

Aus religionspädagogischer/schulseelsorglicher Sicht
Hartmut von Hentig nennt 1970 Grundfragen, die nur im Religionsunterricht behandelt werden können – Fragen, die das Irrationale, nicht wissenschaftlich Abdeckbare betreffen:

---

56 Vgl. Adler 1930/1976, 50 f.: »Ein Kind, dem das Zutrauen in die Zukunft genommen ist, wird sich aus der Wirklichkeit zurückziehen und in unnützlichen Lebensbereichen ein Kompensationsstreben heranbilden. Die wichtigste Aufgabe eines Erziehers – man kann fast sagen: seine heilige Pflicht – besteht darin, Sorge zu tragen, daß kein Kind in der Schule entmutigt wird und daß ein Kind, das bereits entmutigt in die Schule eintritt, durch seine Schule und durch seinen Lehrer Vertrauen in sich selbst gewinnt. Hier kommt die Berufung, die Begabung des Lehrers ins Spiel, denn nur mit Kindern, die voller Hoffnung und mit frohem Mut in die Zukunft schauen, ist eine Erziehung überhaupt möglich.«
57 Fend 1990/1992, 119.

»Warum bin ich in der Welt und nicht nicht? Warum bin ich? Warum und durch was ist die Welt? Warum ist sie nicht gut? Warum hat das Recht so oft keine Macht? Was und wer ist böse – was und wer ist gut? Wo führt das alles hin? Kann ich geliebt werden?«[58]

Von Hentig beschreibt ein (vielleicht »seelsorglich« zu nennendes) Ziel des Religionsunterrichts:

»Der Schüler muß erfahren, daß die Irrationalität seiner Anschauungen und Gefühle ernst genommen wird – und zwar, weil sie es verdient, nicht weil es ›pädagogisch‹ ist. Er muß sich der ihn auch weiterhin begleitenden Irrationalität bewußt bleiben und sie bejahen dürfen, solange sie der Vernunft nicht unmittelbar widerspricht. Er muß lernen, daß die Gewißheiten der Religion an Vorstellungsweisen gebunden sind, die die Vernunft nicht außer Kraft setzen, sondern die Vernunft nur auf einer anderen Ebene beanspruchen als in der Kunst oder in den menschlichen Beziehungen, wie sie die Tiefenpsychologie paraphrasiert.«[59]

Dreißig Jahre später schreibt die Religionspädagogin Ulrike Baumann: »Als seelsorglich wirksam erweist sich ein Unterricht im Gespräch über elementare Fragen aus dem Leben der Schülerinnen und Schüler.«[60] Als elementar identifiziert sie folgende Themen:
- Wandel der Beziehung zu den Eltern
- Identitätssuche
- Pluralität religiöser Identitäten
- geschlechtliche Identität
- Katastrophen und gewaltsame Anschläge

In *Schulseelsorge – Ein Handbuch* (2008) behandeln die Autorinnen und Autoren unter der Überschrift »Seelsorge in Konfliktfällen« ver-

---

58 Von Hentig 1970, 102.
59 Von Hentig 1970, 103.
60 Baumann 2003, 44.

schiedene konkrete Herausforderungen in der Seelsorge mit Schülerinnen und Schülern[61]:
- Trennung und Scheidung der Eltern[62]
- Gewalt in der Schule, Gewalt in der Familie[63]
- Kriminalität[64]
- Drogen[65]
- Todesfälle und Suizide[66]
- Okkultfaszination[67]
- Krankheit[68]
- Schwangerschaft[69]
- Ängste[70]
- Notengebung[71]

Aus praktisch-theologischer Sicht

Unter der Kapitelüberschrift »Krisen des Wachsens« bietet der von Richard Riess und Kirsten Fiedler herausgegebene Band *Die verletzlichen Jahre* 26 Beiträge zu »›kontingenten‹ Krisen, die [...] in das Leben von Kindern und Jugendlichen einbrechen [...].«[72] Folgende »Krisen des Wachsens« werden genannt:

---

61 Koerrenz/Wermke 2008, 175–242.
62 Petra Wassill, Schulseelsorgerliche Begleitung für Kinder in der Phase von Trennung und Scheidung (175–179).
63 Anja Kramer, Gewalt in der Schule: Erscheinungsformen, Ursachen und Prävention (180–187); Martin Rothgangel, Kindesmissbrauch/Gewalt in der Familie (188–192).
64 Christine Wiezorek, Kinderdelinquenz und Jugendkriminalität (193–198).
65 Arnold Hinz, Drogen/Suchtprävention (199–203).
66 Jürgen Langer, Plötzliche Todesfälle und Schülersuizide (204–211).
67 Heinz Streib, Okkultfaszination und magische Experimente (212–216).
68 Arnold Hinz, Bulemie/Magersucht (217–221); Silke Leonhard, Krank sein: Anstöße zur Sorge um Leib und Seele (226–231).
69 Petra Happel, Schwangerschaft: Handlungsanlässe, Präventionsstrategien, Kooperationspartner (222–225).
70 Birgit Weyel, Ängste/Zukunftsängste (232–237).
71 Thomas Heller, Notengebung (238–242).
72 Ries/Fiedler 2009, 116–547.

- Trennung und Scheidung der Eltern[73]
- Krankheit[74]
- Sterben und Tod, Suizidalität[75]
- Abschied[76]
- Aggression, Gewalt[77]
- Angst[78]
- Sexualität[79]
- Schule und Ausbildung[80]
- Drogen[81]
- Identität und Selbstwert[82]
- Glaubenskrisen[83]

---

73 Josef Duss-von Werdt, Geteilte Kinder. Kinder und Jugendliche getrennter und geschiedener Eltern (121–132).
74 Barbara Städtler-Mach, Meinst du, dass ich wieder gesund werde? Kranke Kinder und kirchliche Seelsorge (132–146); Jörg Wiesse, Symptombilder, Krisen, Therapiemodelle. Seelische Krankheiten bei Kindern und Jugendlichen (228–239).
75 Marielene Leist, Dass alles, was lebt, eines Tages sterben muss. Zum Thema »Sterben und Tod in frühen Jahren« (147–164); Hans Dol/Thomas Giernalczyk/Helga Stokstad, Nun mag ich auch nicht länger leben. Zur Beratung und Begleitung von suizidalen Jugendlichen und ihren Angehörigen (382–398).
76 Hartmut Stoll/Christel Stoll, Abbitte an Michael – Wo bist Du? Abschiede in der Kindheit (165–173); Tobias H. Brocher, Der Schmerz zu wachsen. Abschiede von der Kindheit (173–188).
77 Klaus Winkler, Das ganze Arsenal von Zorn und Wut. Zu Aggression und Konflikt von Eltern, Kindern und Jugendlichen (260–278); Mechthild von Luxburg, Und bist du nicht willig … Gewalt und sexueller Missbrauch von Kindern in Familie und Gesellschaft (305–323).
78 Joachim Scharfenberg, Hier haben Wölfe keinen Zutritt. Angst und Hemmungen bei Kindern und Jugendlichen (209–227).
79 Wolfgang Bartholomäus, Die Lust an der Lust, die Liebe zum Leben. Sexualität und Kontakt von Kindern und Jugendlichen (279–304).
80 Hermann Rademacher, Orte der Chancenzuteilung für ein ganzes Leben. Optionen von Schule und Ausbildung in der heutigen Gesellschaft (364–381).
81 Helmut L. Harsch, Und Rahel weinte um ihre Kinder. Seelsorge an Kindern und Jugendlichen bei Sucht und Drogenanhängigkeit (419–439).
82 Michael Klessmann, Dass ich wirklich etwas wert bin. Jugendliche auf der Suche nach Identität und Selbstwert (487–499).
83 Karl Ernst Nipkow, Orientierung im Glauben. Glaubenskrisen – Glaubensentwicklung – Glaubenshilfen (500–518).

Jürgen Ziemer nennt als Themen, »die im seelsorglichen Gespräch mit Jugendlichen eine Rolle spielen dürften« [84]:
- Selbstwerdung und Ablösung von den Eltern
- Erfahrungen mit Freundschaft und Liebe
- Selbstwertproblematik
- Arbeit und Beruf
- Glauben und Christsein

Schließlich: Was sagen die Jugendlichen selbst?
2012 hat das SINUS-Institut im Auftrag der Evangelischen Landeskirchen in Württemberg und Baden in einer qualitativen Studie 72 Jugendliche interviewt, deren Konfirmation ein bis zwei Jahre lang zurücklag.[85] Einen ersten Schwerpunkt in den Gesprächen stellen die Themen dar, die Jugendliche in ihrem Alltag beschäftigen. Zwei Fragestellungen sind für die Jugendseelsorge besonders interessant.

1. »Beschreibe bitte Momente oder Situationen im Alltag, die dich richtig glücklich machen.« Folgende Aspekte wurden genannt:
- eine harmonische, intakte Familie mit emotionaler Zuwendung
- ein ehrlicher und stabiler Freundeskreis
- (v. a. schulischer) Erfolg und Anerkennung durch Eltern, Freundinnen und Freunde, Lehrkräfte
- für andere da sein und das Gefühl, gebraucht zu werden
- Zufriedenheit bei anderen und Frieden
- sich kreativ ausdrücken

2. »Beschreibe bitte Momente und Situationen im Alltag, die dich richtig traurig machen.« Mehrheitlich wurden folgende Aspekte angesprochen:
- Streit in der Familie oder mit Freundinnen und Freunden
- Tod von Verwandten und Bekannten
- Misserfolge und Überforderung im Alltag (v. a. in der Schule)
- Leid und Probleme im sozialen Umfeld
- Leid und Probleme in der Welt

---

84 Ziemer 2015, 314 f.
85 Borchard/Calmbach 2013, 74–79.

Verstärkt kommen Erlebnisse von Aggression und Gewalt in der Kommunikation über die sozialen Medien hinzu. Jugendliche machen hier die Erfahrung, über geringe Handlungsoptionen zu verfügen. Zwei Beispiele.

Eine 16-jährige Schülerin schreibt:[86]

> Hey, ich habe ein Problem mit meinen Mitschülern. Ein paar Jungs und ein Mädchen beleidigen mich oft, auch im Internet (Facebook). Junge A nennt mich schwul/lesbisch (das check' ich nicht, ich bin ♀), disst mich in der Schule, lacht mich aus, nennt mich hässlich, zeichnet mich und zeigt es allen. Im Internet macht er sich halt auch lustig. Einen anderen Jungen hab' ich schon gemeldet, da er mich beleidigt hatte. Darauf hat er meinen Vater (!!!) bei Skype gedisst & den Chat von den beiden bei Facebook reingestellt. Darunter schrieb er Sachen wie: »Boah, ist das peinlich« oder »Sie kommt ganz nach ihrem Vater, genauso scheiße« usw. Meine Eltern haben halt bei ihm angerufen, und er disst mich deswegen auch noch weiter.
>
> Ein Mädchen nennt mich z. B. auch »die Hässlichste aus der Klasse.« Naja, jeder, dem ich das erzählt habe, hat gesagt: »Du bist doch überhaupt nicht hässlich« usw. Ich finde mich nicht hässlich (sry, wenn das jetzt eingebildet rüberkommt xD), und viele Leute, denen ich das erzähle, stimmen mir zu.
>
> Es kann nicht an meinen guten Noten liegen, andere werden deswegen ja auch nicht gemobbt.
>
> Ich habe schon mehrmals meinen Facebook-Account deaktiviert, aber nachdem mir »eine Freundin« sagte, dass sie sich darüber lustig machen, bin ich halt wieder rein. Ja, sie machen sich darüber öffentlich lustig usw. Wenn ich mich dann melde, lachen sie mich aus. Ich weiß echt nicht, wie es weitergehen soll. Sie werden sich weiterhin auf Facebook über mich lustig machen, ob ich drin bin oder nicht. Meine Mutter hat es schon meiner Klassenlehrerin erzählt, aber das hilft jetzt auch nicht wirklich!! Was kann man jetzt noch tun (außer Schule wechseln)? Danke für jede Antwort!

---

86 Hier sprachlich leicht überarbeitet.

Eine Schulseelsorgerin berichtet von folgender Gewalterfahrung einer Schülerin:

> Eine Schülerin aus der 8. Realschulklasse kam nach dem Religionsunterricht auf mich zu: »Darf ich Sie kurz in der Pause sprechen, es ist dringend, und auch meine Freundin sagte, dass ich Sie ins Vertrauen ziehen könne. Meine Eltern sollen aber nichts erfahren, vor allem meine Mutter nicht.« Ich bestätigte, dass das Gespräch unter uns bliebe und ging mit ihr in den kleinen Seelsorgeraum. Sie berichtete, dass sie im Internet auf eine Anzeige zum Kinderhüten reagiert habe, 50 Euro, die könne sie gut gebrauchen, um ihr Pferd, um das sie sich kümmern würde, gut zu pflegen. Tatsächlich erhielt sie in der Mail eine Rückantwort, sie solle sich dafür ganz ausziehen und vor der Kamera zeigen. Sie sei ganz durcheinander gewesen, habe aber die Adresse gespeichert. Sie habe aber Angst, die Mail ihrer Mutter zu zeigen.

Als Fazit zu diesem Überblick darf wohl gesagt werden: Kontingenzerfahrungen und Erfahrungen mit biografischen Brüchen lösen potenziell Krisen aus. Die bisherigen Überlegungen haben gezeigt, dass Jugendliche für ihre Aufgaben in ihrer Zeit des Wandels (Wandel des Selbstverständnisses und Wandel des Person-Umwelt-Verhältnisses) gut gewappnet sind. Sie bewältigen die anstehenden Aufgaben in aller Regel gut. Problematisch kann es für Jugendliche werden, wenn sie sich in einem Konflikt zwischen den vorrangigen Aufgaben im Prozess der Krisenbewältigung und der durch die Krise entstandenen Deutungsanforderungen und ihren Entwicklungsaufgaben in der Zeit des Wandels erleben. Dies sei im Folgenden am Beispiel »Umgang mit Tod und Trauer« genauer beschrieben.

2.2.2 Umgang mit Tod und Trauer[87]

Die moderne Trauerforschung geht von zwei übergeordneten Zielen des Trauerns aus:

---

87 Vgl. Günther 2012; 2013; Witt-Loers 2014; 2015.

1. die Neuverortung der/des Verstorbenen und
2. der Ordnungsübergang im betroffenen Beziehungssystem.

Ausgangspunkte und Fortschritte der Trauerforschung im Blick auf die Ziele des Trauerns seien im Folgenden kurz skizziert.

Neuverortung der/des Verstorbenen

Sigmund Freuds erstmalig 1917 in seiner Abhandlung *Trauer und Melancholie* genannter Definition von Trauer wurde lange Zeit Gültigkeit zugestanden: »Trauer ist regelmäßig die Reaktion auf den Verlust einer geliebten Person oder einer an ihre Stelle gerückten Abstraktion wie Vaterland, Freiheit, ein Ideal usw.«[88]

Die Aufgabe im Trauerprozess beschreibt Freud wie folgt:

> »Worin besteht nun die Arbeit, welche die Trauer leistet? […] Die Realitätsprüfung hat gezeigt, daß das geliebte Objekt nicht mehr besteht, und erläßt nun die Aufforderung, alle Libido aus ihren Verknüpfungen mit diesem Objekt abzuziehen. Dagegen erhebt sich ein begreifliches Sträuben – es ist allgemein zu beobachten, daß der Mensch eine Libidoposition nicht gern verläßt, selbst dann nicht, wenn ihm Ersatz bereits winkt. […] Das Normale ist, daß der Respekt vor der Realität den Sieg behält. Doch kann ihr Auftrag nicht sofort erfüllt werden. Er wird nun im einzelnen unter großem Aufwand von Zeit und Besetzungsenergie durchgeführt und unterdes die Existenz des verlorenen Objekts psychisch fortgesetzt. Jede einzelne der Erinnerungen und Erwartungen, in denen die Libido an das Objekt geknüpft war, wird eingestellt, überbesetzt und an ihr die Lösung der Libido vollzogen. Warum diese Kompromißleistung der Einzeldurchführung des Realitätsgebotes so außerordentlich schmerzhaft ist, läßt sich in ökonomischer Begründung gar nicht leicht angeben. Es ist merkwürdig, daß uns diese Schmerzunlust selbstverständlich erscheint. Tatsächlich wird aber das Ich nach der Vollendung der Trauerarbeit wieder frei und ungehemmt.«[89]

---

88 Freud 1917/2001, 197.
89 Freud 1917/2001, 168 f.

Kerstin Lammer erkennt zwei Aspekte der freudschen Theorie, die im Laufe der fortgeschrittenen Trauerforschung revidiert werden mussten:

»Der erste betrifft die Ursache der Trauer: Getrauert wird nicht nur, wenn ein libidinös besetztes Objekt bzw. ein Liebesobjekt verloren wird, sondern wenn ein Mensch verloren wird, der für das eigene Leben bedeutsam und prägend war – sei die emotionale Qualität der Beziehung zu diesem Menschen positiv, ambivalent oder negativ gewesen. Oft wird z. B. auch um Menschen getrauert, die es ›nicht verdient‹ haben. Denn man betrauert nicht nur, was gewesen, sondern auch, was nicht gewesen ist. Manchmal bindet Menschen gerade das, was sie sich von der verlorenen Person sehr gewünscht, aber nie bekommen haben – und nun besteht nach ihrem Tod endgültig keine Chance mehr, dass das so Gebrauchte und Ersehnte noch gelingt.
Der zweite revisionsbedürftige Aspekt betrifft das Ziel des Trauerprozesses: Freud vertrat hier ein Ablösungsideal. Was an psychischen- bzw. an Liebesenergien an die verlorene Person gebunden war, sollte auf dem Weg kurzfristiger ›Überbesetzung‹ von ihr abgezogen werden. Trauernde sollten eine möglichst vollständige Lösung ihrer Bindung an die Verstorbenen erreichen. [...] Auch heute noch gilt die Fähigkeit, sich wieder anderen, auch neuen Beziehungen zuzuwenden, als ein Ziel gelingender Trauerprozesse. Als Voraussetzung dazu wird aber nicht mehr die Ablösung von den Verstorbenen, sondern eine sinnvolle Neuverortung angesehen. D. h.: Erstens gilt es, ein Konzept davon zu entwickeln, welchen Platz die Verstorbenen nach ihrem Tod haben [...]. Und zweitens gilt es zu klären, welche bleibende Bedeutung die Verstorbenen jeweils für das Leben der Hinterbliebenen haben.«[90]

Für Lammer folgt aus der Revision der psychoanalytischen Trauertheorie zum einen die Notwendigkeit, Freuds Definition von Trauer zu modifizieren: »Trauer ist regelmäßig die Reaktion auf einen Ver-

---

90 Lammer 2004, 13.

lust, speziell auf den Verlust einer signifikanten Person.«[91] Zum anderen sollten anstelle der bekannten Phasenmodelle, die Reaktionsformen der Trauer in eine zeitliche bzw. hierarchische Stufenfolge bringen,[92] neue Aufgabenmodelle der Trauer und der Trauerbegleitung, die durch Rückprojektionen gelungener Trauerprozesse gewonnen werden können, entworfen werden. Das übergeordnete Ziel des Trauerns ist nach Lammer die Neuverortung der/des Verstorbenen.

Ordnungsübergang im betroffenen Beziehungssystem
Alfred Adler veröffentlichte 1927 in seiner Vortragssammlung *Menschenkenntnis* einen kurzen Abschnitt zur Trauer. Seine Definition lautet: »Der Affekt der Trauer tritt ein, wenn einem Menschen eine Entziehung, ein Verlust widerfährt, worüber er sich nicht leicht zu trösten vermag.«[93] Das Ziel des Trauerns beschreibt Adler anders als Freud:

> »[D]ie Trauer trägt Keime in sich, ein Unlust-, also ein Schwächegefühl zu beseitigen, um eine bessere Situation herzustellen. In dieser Hinsicht ist sie ebenso viel wert wie ein Zornausbruch, nur tritt sie bei anderen Anlässen auf, hat eine andere Attitüde und andere Methoden. Auch hier sehen wir dieselbe Linie zur Überlegenheit. Während beim Zorn die Bewegung gegen den anderen gerichtet ist und dem Zornigen rasch ein Gefühl der Erhöhung und dem Gegner eine Niederlage bringen soll, ist es bei der Trauer zunächst eine Einschränkung des seelischen Besitzstandes, die notwendig und in kurzer Zeit ebenfalls wieder zu einer Ausdehnung führt, indem der Traurige einem Gefühl der Erhöhung und Befriedigung zustrebt. Das kann aber ursprünglich in nichts anderem bestehen als in einer Entladung, in einer Bewegung, die […] gegen die Umgebung gerichtet ist. Denn der Trauernde ist eigentlich ein Ankläger, und damit stellt er sich in Gegensatz zu seiner Umgebung. So natürlich die Trauer im Wesen des Men-

---

91 Lammer 2010, 31.
92 Vgl. Kübler-Ross 1992; Spiegel 1995; Kast 2011.
93 Adler 1927/2007, 213.

schen auch begründet ist, so ist in ihrer Überspannung doch etwas der Umgebung Feindliches, Abträgliches enthalten. Die Erhöhung ist für den Trauernden durch die Stellungnahme der Umgebung gegeben. Es ist bekannt, wie trauernde Menschen oft dadurch Erleichterung finden, dass sich jemand in ihren Dienst stellt, sie bemitleidet, stützt, ihnen etwas gibt, ihnen zuspricht usw. Erfolgt die Entladung unter Tränen und Klagen, so erscheint dadurch nicht nur der Angriff auf die Umgebung eingeleitet, sondern auch die Erhebung des Trauernden über seine Umgebung nach Art eines Anklägers, Richters und Kritikers. Der Zug des Verlangens, des Heischens ist deutlich erkennbar. Immer wird die Umgebung in vermehrter Weise beansprucht. Die Trauer ist wie ein Argument, das für den anderen bindend und unwiderstehlich sein soll, dem sich dieser beugen muss. Auch dieser Effekt weist demnach die Linie auf, die von unten nach oben führt und den Zweck hat, den Halt nicht zu verlieren und das Gefühl der Machtlosigkeit und Schwäche auszugleichen, indem man sie zeigt.«[94]

Adlers Sicht der Trauer als nicht bloße individuelle Erfahrung, sondern immer zugleich als ein auf das soziale Umfeld ausgerichteter zielgerichteter Affekt der Trauernden (»dass sich jemand in ihren Dienst stellt«) blieb in der Trauerforschung weitgehend unbeachtet. Die Einsicht, die Christoph Morgenthaler formulierte, Trauer sei »auch ein eminent sozialer Prozess«[95], lässt sich – wie gesehen – bereits bei Adler ansatzweise erkennen. Freilich hat Adler die Wechselwirkungen der Trauer in einem sozialen System noch nicht im Blick.

Christoph Morgenthalers Definition von Trauer unterscheidet sich von den bisher zitierten. Morgenthaler schreibt:

»Trauer ist ein systeminterner und kontextueller sozialer Konstruktionsprozess. Trauer im System wird durch die jeweiligen individuellen Sichtweisen und Rekonstruktionen von Wirk-

---

94 Adler 1927/2007, 213 f.
95 Morgenthaler 2010, 418; Nachweise werden im Folgenden im Text gegeben.

lichkeit in einem von Trauer betroffenen Beziehungssystem tief beeinflusst.« (422)

Charakteristisch für das systemische Trauerverständnis sei

»[…] ein durch Zirkularität und Reziprozität der Reaktionen charakterisiertes Verständnis von Trauer, das die zentrale Funktion inner- und intersystemischer Kommunikation für die Bewältigung von Trauer ins Zentrum stellt, ein Verständnis der Trauer als eines chaotischen, autopoietischen Ordnungsübergangs in Systemen, sowohl auf der strukturellen Ebene wie auf der Ebene der Wirklichkeitsinterpretation.« (419)

Sieht man mit Morgenthaler den Ordnungsübergang in sozialen Systemen als die übergeordnete Aufgabe des Trauerns an, ist davon auszugehen, dass vorrangige Ziele eines trauernden Menschen zwangsläufig auf das Beziehungssystem, in dem er steht, ausgerichtet sind. Dabei ist der bzw. die Trauernde »im betroffenen Beziehungsnetz [immer zugleich] mit Menschen […] konfrontiert, die ganz anders trauern« (418), entsprechend auch ganz andere vorrangige Ziele verfolgen. Wechselwirkungen des Trauerns im Beziehungssystem entstehen und können insbesondere junge Menschen belasten, die nicht auf Ressourcen, die sie bei der Bewältigung früherer Verluste entwickelt haben, zurückgreifen können und zugleich mit deutlich drängenderen Entwicklungsanforderungen konfrontiert sind als ältere trauernde Menschen (418 f.):

- Polarisierte Verlustreaktionen innerhalb der Familie: Mit der übersteigerten Trauer des einen kann leicht die Aberkennung der Trauer eines anderen einhergehen.
- Labilisierung der Beziehungen innerhalb der Familie: Unterschiedliche Weisen, einen Verlust zu bewältigen, können zu Missverständnissen, Irritationen, Emotionen führen, die die Trauer überlagern.
- Rollendiffusionen innerhalb der Familie, z. B. die Parentifizierung eines jungen Menschen: Muss ein Kind/ein Jugendlicher/eine Jugendliche die Rolle eines verstorbenen Elternteils einnehmen, ist seine/ihre Entwicklung in der Regel behindert.

Das Ergebnis der Durchsicht kann folgendermaßen zusammengefasst werden.
1. Trauern ist ein zielgerichteter Prozess. Sowohl die Neuverortung der oder des Verstorbenen (Lammer) als auch der Ordnungsübergang im betroffenen Beziehungssystem (Morgenthaler) können als übergeordnete Ziele und Aufgaben des Trauerprozesses bestimmt werden. Das eine Ziel wird ohne das andere kaum zu erreichen sein.
2. Trauer ist ein zielgerichteter sozialer Prozess. Vorrangige Ziele eines trauernden Menschen sind immer auch auf das betroffene Beziehungssystem ausgerichtet. Adler sieht das Ziel des bzw. der Trauernden zunächst schlicht darin, »eine bessere Situation herzustellen«. Gelingt dies nicht, ist das Erreichen der übergeordneten Ziele erschwert.

Jeder trauert anders. Trauernde haben in ihren Trauerprozessen individuelle vorrangige Ziele und Aufgaben, die sich ihnen jeweils jetzt stellen und die jeweils jetzt gelöst werden müssen (vgl. Abb. 10).

Der Neuverortung als übergeordnetem Ziel kann man beispielsweise folgende vorrangige Ziele zuordnen:
- Informationen zur Todesursache oder auch zum Ablauf der Beerdigung erhalten,
- eine tragfähige Antwort auf die Frage »Was passiert nach dem Tod?« finden,
- oder Erinnerungen an gemeinsam Erlebtes bearbeiten.

Auf der Seite des Ordnungsübergangs können andere vorrangige Ziele wichtig werden, z. B.:
- Anerkennung der eigenen Trauer bekommen,
- eine Beziehung stabilisieren und
- die eigene Rolle klären.

Gerade diese vorrangigen Ziele können die Anknüpfungspunkte einer seelsorglichen Begleitung sein.

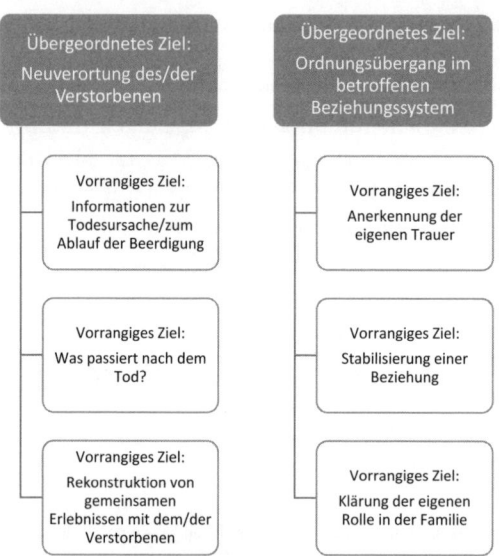

Abb. 10: Übergeordnete und vorrangige Ziele im Trauerprozess

Was hilft trauernden Jugendlichen?

Die Münchener Erziehungswissenschaftlerin Sabine Weiß legte 2006 eine Studie vor, in der sie die Trauer von Kindern, Jugendlichen und jungen Erwachsenen um den in den letzten Monaten oder auch Jahren verstorbenen Vater beschreibt.[96] Neunzig Kinder, Jugendliche und junge Erwachsene im Alter von 10 bis 25 Jahren wurden zu verschiedenen Aspekten ihrer gegenwärtigen Trauer befragt. Zwei Ergebnisse seien vorgestellt.

Der zeitliche Verlauf des Trauerprozesses

Der Trauerprozess kann bei Jugendlichen über eine weit längere Zeitspanne anhalten, als in der Regel angenommen wird (vgl. Abb. 11). Nach vier oder mehr Jahren nach dem Verlust nimmt das Kummerempfinden kaum mehr ab (z. B.: »In meinem Inneren weine ich noch um meinen Vater.«). Gleichzeitig wird die soziale Verdrängung deut-

---

96 Weiß 2007.

lich verstärkt (z. B. »Ich zeige meine Tränen nicht, wenn ich an meinen Vater denke.«).

Damit sie auch nach der ihnen von ihrer sozialen Umwelt zugestandenen Trauerzeit ihren Kummer nicht verbergen und ihre Verdrängung entsprechend nicht verstärken müssen, brauchen Jugendliche nach ihrem Verlust für eine lange, letztlich nur von ihnen selbst zu bestimmende Zeit Räume, in denen ihre Trauer anerkannt wird und sie ihre Gefühle angstfrei wahrnehmen und mitteilen können.

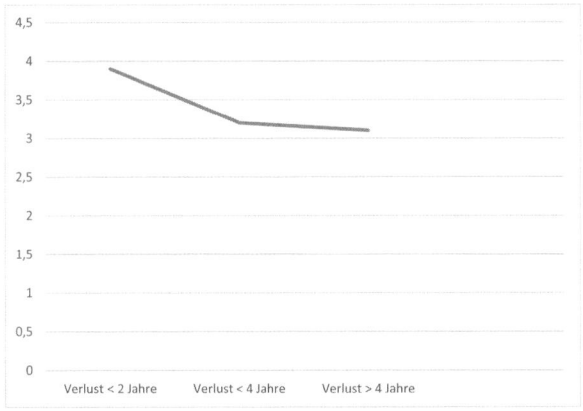

Abb. 11: Verlauf des Kummers in Abhängigkeit von der vergangenen Zeit (fünfstufige Skala der Zustimmung)[97]

Die Bedeutung des Alters

Jugendliche trauern in einer speziellen Situation. Trauernde Jugendliche ab etwa 14 Jahren stehen nicht selten in einem Konflikt zwischen der Bewältigung ihrer Entwicklungsaufgaben und dem Trauerprozess. (Bei 10- bis 13-Jährigen wirkt sich der Verlust einer signifikanten Person in der Regel nicht auf ihr Selbstkonzept aus.) Weiß konnte zeigen, dass pathologische Schuldgefühle (»Ich fühle mich schuldig, wenn ich an meinen Vater denke.«) und normale Schuldgefühle (»Ich habe ein schlechtes Gewissen, weil ich früher

---

97 Weiß 2007, 120.

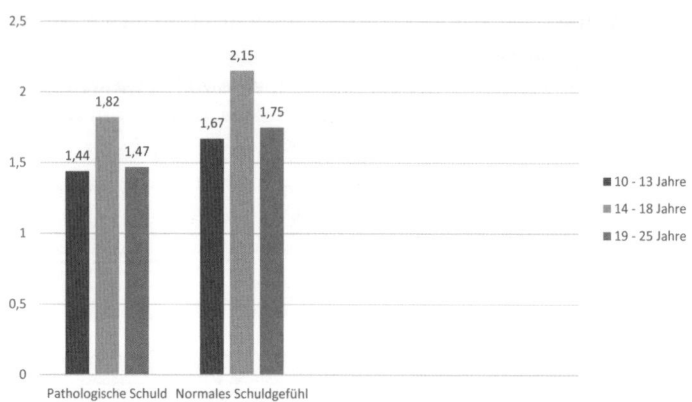

Abb. 12: Ausprägung der Skalen der Schuld in drei Altersgruppen (fünfstufige Skala der Zustimmung)

meinem Vater nicht immer gehorcht habe.«) in der Altersgruppe der 14- bis 18-Jährigen stärker ausgeprägt sind als bei den jüngeren wie auch bei den älteren Jugendlichen (vgl. Abb. 12).

Dieser Konflikt birgt Risiken sowohl für die Entwicklung als auch für das Trauern der Jugendlichen in sich. Für die Seelsorge bedeutet das: In der Seelsorge mit trauernden Jugendlichen ist darauf zu achten, wo ihr Trauern konkret in Konflikt mit den Entwicklungsaufgaben gerät. Hier ein genauerer Blick auf mögliche Konfliktpunkte (vgl. Abb. 13):

Auf der einen Seite stehen die Entwicklungsaufgaben. Junge Jugendliche durchleben einen Wandel ihres Selbstverständnisses. Sie haben die Aufgabe und den Wunsch, von der Kindheit Abschied zu nehmen, auch vom Kinderglauben. Und: Sie durchleben einen Wandel in ihrem Person-Umwelt-Verhältnis. Gleichaltrige werden – neben den Eltern – als emotionale und interpretative Bezugsinstanzen wichtig.

Auf der anderen Seite stehen die übergeordneten Ziele des Trauerprozesses. Wie könnte die »Balance« in Gefahr geraten? Dazu zwei Beispiele:

- Der Abschied vom Kinderglauben trifft auf die Vielfalt der Deutungsangebote. Was erscheint dem jungen Menschen glaubwürdig? Wie soll er es herausbekommen?

– Die Sehnsucht nach Verselbstständigung trifft auf die Sehnsucht nach Zugehörigkeit zur trauernden Familie, vielleicht auch auf die verstärkte Erwartung der Familie nach Präsenz des Jugendlichen.

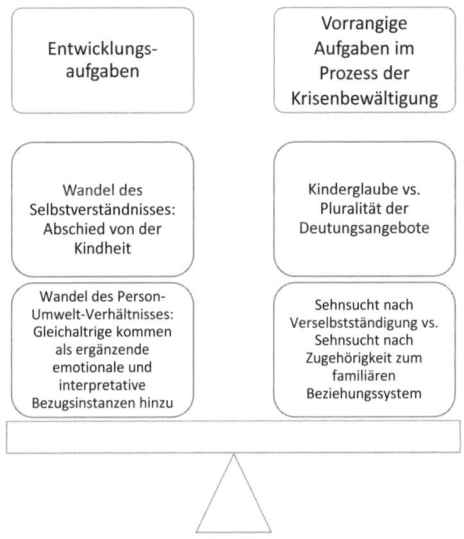

Abb. 13: Entwicklungsaufgaben und vorrangige Aufgaben im Prozess der Krisenbewältigung

Jugendlichen hilft es, wenn sie erfahren, dass sie ihren eigenen Trauerprozess aktiv gestalten und den Trauerprozess des betroffenen Beziehungssystems aktiv mitgestalten können.

Förderlich für einen gelingenden Trauerprozess junger Menschen ist es, wenn sie die Erwartung haben, dass Geschehnisse die Folge eigenen Handelns sind (und nicht abhängig vom Wirken anderer Personen, des Schicksals, des Glücks oder des Zufalls). Der Einfluss der Kontrollüberzeugung lässt sich nach Weiß folgendermaßen beschreiben:

»Es ist besonders das Vertrauen in die eigenen Fähigkeiten und Kompetenzen, das sich als Schutzfaktor bezeichnen lässt. Neben Kummer, fehlender Akzeptanz des Verlusts und Schuldgefühlen sind auch Depression, Angst und somatische Symptome dann geringer ausgeprägt, wenn Jugendliche und junge Erwachsene in die eigenen Fähigkeiten vertrauen und an die eigene Handlungsfähigkeit glauben. Dass der Glaube an sich selbst und die eigenen Kompetenzen hilfreich ist, ist empirisch belegt […].«[98]

Die Erfahrung, effektiv innerhalb des betroffenen Beziehungssystems kommunizieren und dann auch mit den Mitgliedern des Systems kooperieren zu können, ist eine kaum zu überschätzende Stärkung der trauernden Jugendlichen in einem aktiven Trauerprozess.

»Hilfreich werden [bei kritischen Ereignissen allgemein] unter anderem eine positive und effektive Kommunikation, starker Rückhalt, die Möglichkeit, seine Gefühle frei und offen äußern zu dürfen, und gegenseitiges Vertrauen genannt. Dies lässt sich auf den Trauerprozess spezifizieren. Eine effektive Kommunikation in Verbindung damit, seine Gefühle frei äußern zu können, sollte zum einen bedeuten, die Fragen der Kinder und Jugendlichen offen zu beantworten, ihnen keine falschen Tatsachen vorzuspiegeln und ihnen die Informationen, die sie benötigen, zukommen zu lassen, so dass keinerlei unbeantwortete Fragen und Missverständnisse den Trauerprozess behindern und verkomplizieren […]. Zum anderen soll aber auch jedes Familienmitglied seine Trauer und die damit verbundenen Emotionen offen äußern dürfen […]. Ehrliches Antworten und das Erleben der Trauergefühle des anderen ermöglichen es, gemeinsam zu trauern.«[99]

Zum Abschluss ein Beispiel aus der Praxis:

> Nach der Konfirmandenstunde spricht mich Johanna an und fragt mich, ob ich kurz Zeit hätte. Ich nehme mir die Zeit und höre ihr zu. Sie sagt mir, dass ihr Vater gestorben sei. Ihre Mutter sei total verzweifelt und sie selbst wisse auch nicht mehr, wie sie ihr noch helfen könne. Johanna ist 14. Ich frage sie, wie es ihr gehe und was der Tod des Vaters bei ihr auslöse. Sie wirkt überrascht und sagt, dass sie noch gar keine Zeit hatte, darüber nachzudenken. Ihre

---

98 Weiß 2007, 173.
99 Weiß 2007, 182.

eigene Traurigkeit ist auf einmal mit Händen zu greifen. Mir scheint, als realisiere sie erst in diesem Moment, was da eigentlich passiert ist und dass auch sie trauern darf. Ich mache ihr Mut dazu. Gleichzeitig frage ich nach weiteren Familienangehörigen, nach Freunden, nach Vertrauenspersonen. Johanna hat noch eine jüngere Schwester und beide Großelternpaare, außerdem zwei enge Freundinnen. Auch in ihrer Klasse und in der Konfigruppe fühle sie sich wohl. Ihr wird deutlich, dass sie über ein Netz funktionierender Beziehungen verfügt. Das hilft ihr jetzt. Ich biete ihr weitere Gespräche an und frage sie noch einige Male im Anschluss an die Konfistunden, wie es ihr gehe. Das Eingebundensein in ein Netzwerk und der vertraute Wochenrhythmus mit Schule, Kirche und Verein geben ihr Halt. Sie ist wohl das, was man tapfer nennt. Sie verfügt über so viel seelische Widerstandskraft, dass sie die Katastrophe bewältigen kann. Am Tag ihrer Konfirmation wird es noch einmal besonders sichtbar, dass Johannas Vater fehlt. Auch dafür gibt es Zeit an diesem Tag.

2.3 Kennzeichen gegenwärtiger Jugendreligiosität

Eine gelingende Jugendseelsorge setzt voraus, dass Seelsorgerinnen und Seelsorger wahrnehmen, was gegenwärtige Jugendreligiosität kennzeichnet. Oder anders: Wie würden Jugendliche heute auf die Gretchenfrage – »Nun sag, wie hast du's mit der Religion?« – antworten?

Eine Jugendliche oder ein Jugendlicher würden etwa Folgendes sagen, ein Originalzitat aus den qualitativen Jugendstudien Waldemar Vogelgesangs:

> »Mein persönlicher Ansatz ist, es gibt nicht eine Religion, sondern jeder muss halt das Stück Religion, was persönlich zu einem passt, ein bisschen raussuchen.«[100]

---

100 Vogelgesang 2007, Folie 13 (Zugriff am 26. Juli 2017).

Ein erstes Kennzeichen gegenwärtiger Jugendreligiosität wird deutlich: die *Individualisierung* von Religion. Jugendliche begreifen sich heute als »selbstverantwortliche Planungsinstanzen des eigenen Lebens«[101]. Sie gehen selbstbewusst mit Religion um: »jeder muss halt das Stück Religion, was persönlich zu einem passt, ein bisschen raussuchen.« Geschlossene Deutungssysteme, wie sie beispielsweise die Kirchen anbieten, sind für junge Menschen entsprechend unattraktiv.[102] Religion wird vielmehr *spiritualisiert:* Attraktiv ist, was inhaltsoffen und gestaltbar ist.[103] Erscheinungsformen gelebter Religion sind entsprechend »Geschmackssache«. Individualisierung bedeutet auch *Ästhetisierung* von Religion.

Die Individualisierung von Religion ist durch die *Pluralisierung* von religiösen und weltanschaulichen Deutungsangeboten notwendig geworden: »Es gibt nicht eine Religion«, d. h. jede und jeder muss auswählen, »was persönlich zu einem passt«. Nicht selten ist die *Collagierung* von Religion die Folge der Individualisierung. Jugendliche konstruieren ihre Lebens- und Todesdeutung aus Bruchstücken verschiedener Grundmuster. Gerade weil geschlossene Deutungssysteme nur von wenigen jungen Menschen akzeptiert werden, ist davon auszugehen, dass die Mehrzahl der Jugendlichen ihnen zur Verfügung stehende Deutungsbruchstücke dann auf Glaubwürdigkeit und Relevanz hin prüft, wenn sie sich vor eine konkrete Deutungsanforderung gestellt sehen. Als glaubwürdig und relevant erfahrene Deutungsbruchstücke werden dann zu einer – zwangsläufig nie abgeschlossenen – Deutungscollage verarbeitet. Dabei kann durchaus an feststehende Deutungsinhalte der zur Auswahl stehenden Religionen und Weltanschauungen angeknüpft werden, wenn sie als inhaltsoffen und gestaltbar wahrgenommen werden. So kann der Auferstehungsglaube (eigentlich der Glaube an die zeitlich begrenzte Existenz des Menschen als Geschöpf Gottes mit der Hoffnung auf körperlich-seelische Neu-

---

101 Vogelgesang 2003, 4 (Zugriff am 27. Juli 2017).
102 Vgl. Höring 2017, 79: »Glaube ist für viele Zeitgenossen und insbesondere für Jugendliche etwas, das jenseits von Institution und Amt, Religion und Tradition je individuell zu entwickeln ist.«
103 Vgl. dazu Streib/Keller 2015.

schöpfung) als für das eigene Leben relevant angesehen werden, wenn er als offen – beispielsweise für die Vorstellung einer Wiedergeburt im Diesseits oder im Jenseits – wahrgenommen wird. Ein als exklusivistisch wahrgenommener Deutungsinhalt wird dagegen eher als für das eigene Leben unglaubwürdig und irrelevant eingeschätzt.

Jugendliche stimmen weiterhin mehrheitlich der folgenden Aussage aus dem Lied *Dieser eine Wunsch* des Rappers Bushido zu:

> »Ich war nie der Typ, der jeden Tag Gebete spricht, doch das ändert sich, wenn du merkst, wie kurz das Leben ist.«[104]

Als weiteres Kennzeichen wird damit die *Partialisierung* von Religion deutlich. Religion hat für Jugendliche eine geringe alltagspraktische Relevanz; sie ist nur noch für Teile des Lebens zuständig, insbesondere für spezielle Situationen. Junge Menschen nehmen Religion punktuell zur Bewältigung von Kontingenzerfahren in Gebrauch, auch zur Deutung von biografischen Umbruchsituationen (mit Erfahrungen von Sinnfindung oder Sinnverlust).[105]

Ein letztes Zitat, diesmal von einem 17-jährigen Jugendlichen (wieder aus den Studien Waldemar Vogelgesangs):

---

104 »Dieser eine Wunsch« aus dem Album »7«; Text: Bushido/Musik: Blanco, 2007; Ersguterjunge Edition/Universal Music Publishing GmbH, Berlin.
105 Vgl. Höring 2017, 80: Jugendliche unterziehen »[…] Religion einer pragmatischen Gebrauchswertorientierung hinsichtlich der biographischen Nutzbarkeit, so wie es für das Verhalten in wahlförmigen Situationen einer ›flüchtigen Moderne‹ insgesamt kennzeichnend ist.«

»Ich persönlich glaube an gar nichts, weder an Gott noch an sonst irgendwen oder irgendwas. Was jetzt andere Jugendliche darüber reden, weiß ich nicht; es ist mir auch eigentlich egal. Dennoch fällt mir auf, dass im Religionsunterricht sich einige Leute anders geben als sonst. Es könnte also schon sein, dass einige zwar sagen, dass sie an nichts glauben und Gott für Schwachsinn halten, es aber eigentlich gar nicht so meinen und sich in Wirklichkeit mehr Gedanken darüber machen, als es den Anschein hat. Ich mache mir auch Gedanken darüber, ob es Gott gibt, ob es einen Himmel gibt usw.; ich weiß es auch nicht. Es ist eben eine Glaubensfrage. Ich glaube zwar nicht an Gott, was sich aber durchaus mal ändern kann, aber ich denke, dass man durchaus aus der Bibel lernen kann.«[106]

Kurz zusammengefasst: Kommunikation über Religion findet (überwiegend) als Selbstgespräch statt. Religion wird *privatisiert*.

Individualisierung (Spiritualisierung und Ästhetisierung), Pluralisierung und Collagierung, Partialisierung und Privatisierung: Was bedeuten diese Kennzeichen gegenwärtiger Jugendreligiosität nun für die Jugendseelsorge? Der Traditionsabbruch, der wesentlich den Hintergrund der neuen Jugendreligiosität bildet, wird beklagt. Dem Traditionsabbruch entgegenwirken zu wollen, führt in das Dilemma, auf die Kraft von noch vorhandenen Traditionsresten hoffen zu müssen. Um diesem Dilemma zu entkommen, sollte ein Perspektivwechsel angestrebt werden. Statt den Traditionsabbruch weiterhin als eine Verfallsgeschichte zu betrachten, sollte verstärkt geprüft werden, welche Chancen sich mit diesem eröffnen können.

---

106 Vogelgesang 2007, Folie 15 (Zugriff am 27. Juli 2017).

Es sind – im besten Fall – Chancen von Erstbegegnungen mit christlicher Religiosität:
- durch Seelsorgerinnen und Seelsorger, die eine partnerschaftlich-kooperative Haltung den Jugendlichen gegenüber pflegen,
- durch neue Wege der Bibelerschließung und damit von neuen Wegen der Erschließung gelehrter Religion und
- durch neue Formen gelebter Religion.

Solche Erstbegegnungen bieten einen »Zugang zu christlicher Religiosität im Modus der Frage, Kritik und Skepsis, nicht im Modus der Affirmation [d. h. Bestätigung, Versicherung].«[107]

---

107 Grosse 1996, 264.

3 Ziel- und ressourcenorientierte Jugendseelsorge

> **Sina:**
> Herr Müller, haben Sie mal kurz Zeit für mich, ich muss Ihnen mal was Wichtiges sagen.

> **Herr Müller:**
> Was ist Dir wichtig?

> **Sina:**
> Also, ich hab' Mist gebaut. Also, ich war so sauer über meinen Vater, der ist fremdgegangen und nun trennen sich meine Eltern. Ey, nach was weiß ich wie vielen Jahren … Und wo bleib' ich? Also, ich war darüber angenervt. Deshalb hab ich der Lisa ihren Freund ausgespannt. Lisa ist meine beste Freundin! Gewesen! Ich konnte das nicht ertragen, wie die rummachen. David, so heißt er, will jetzt von Lisa nix mehr wissen. Die ist fertig mit der Welt. Mirko hat mir erzählt, die kifft sogar. David hab' ich inzwischen verlassen. Ehrlich gesagt konnte ich den sowieso nicht ab. Jetzt sagt er, er bringt sich um, und neulich auf der Party …[108]

Zum Einstieg:
Wie könnte das Gespräch weitergehen?

---

108 Aus: Schneider 2009, 173 f.

3.1 Ein Anforderungsprofil

Mithilfe von drei Zitaten zur Rolle und Aufgabe von Jugendseelsorgerinnen und -seelsorgern soll dem Entwurf eines Anforderungsprofils für eine Seelsorge mit jungen Menschen nähergekommen werden.

Gottfried Orth schreibt: »Was die Jugendlichen brauchen, ist Wertschätzung ihrer Person und (!) ihres In-Gebrauch-Nehmens von Religion [...].«[109]

Hans-Günter Heimbrock stellt im Hinblick auf die Schulseelsorge fest:

> »Notwendig ist [...] eine seelsorgerliche Orientierung, die sich nicht allein auf spezielle Techniken zur individuellen oder interpersonalen Krisenbewältigung kapriziert. Produktiv erscheint mir vielmehr eine Haltung, die für professionelle Seelsorge gerade kennzeichnend ist, auch wenn sie dort gelegentlich anders genannt wird, etwa ›empathisch‹. Eine Haltung, die zunächst die Kategorie kirchlicher, theologischer oder auch psychotherapeutischer Katalogisierung von Wirklichkeit zugunsten einer geschärften Wahrnehmung von Wirklichkeit suspendiert, die nicht aus dem Gestus des Wissenden, sondern des Hörenden, Suchenden und Fragenden lebt, der – ohne falsche Naivität – in den Lebensalltag eintaucht, der fragt, was sich im Alltäglichen an existentiellen Bedürfnissen und an Suchbewegungen erkennen läßt, was sich an religiösen Themen und Fragen artikuliert.«[110]

Noch einmal Gottfried Orth:

> »Zu unserer Rolle und Aufgabe gehört es sodann auch, die gelebte Religion dieser Jugendlichen in Verbindung zu bringen mit gelehrter Religion – nicht so, dass letztere weiß, was rich-

---

109 Orth 2009, 275.
110 Heimbrock 1996, 42.

tig ist, sondern so, dass gelehrte Religion Lebens-, Denk- und Glaubensmöglichkeiten anzubieten weiß, gelebte Religion stark und tragfähig zu machen – nicht nur an den Bruchstellen des Lebens [...].«[111]

Die Anforderungen sind deutlich. Sie entsprechen den Ergebnissen der vorangegangenen Abschnitte 2.2 (Das Jugendalter: keine Zeit der Krise, sondern des Wandels) und 2.4 (Kennzeichen gegenwärtiger Jugendreligiosität). Vorgeschlagen sei ein Dreischritt der Aufgaben Validation, Komplexitätsreduktion und Progression (Abb. 14).

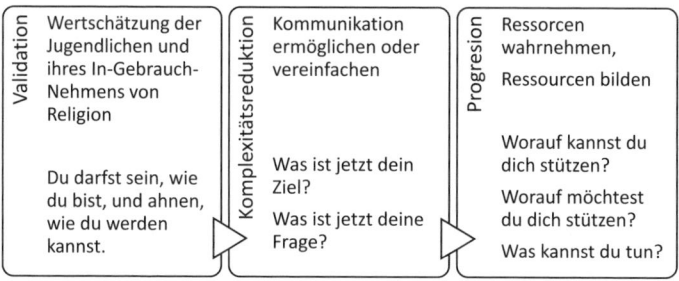

Abb. 14: Anforderungsprofil für eine ziel- und ressourcenorientierte Jugendseelsorge

3.2 Validation

Wertschätzung ist Entlastung. Die Jugendlichen dürfen sein, wie sie sind, d. h. auch ihre Religiosität leben. Ihre Äußerungen werden ernst genommen, ihre Gefühle und vor allem die Einschätzungen ihrer Lebensbezüge werden erkannt und geachtet. Wertschätzende Jugendseelsorge kann »dazu beitragen, dass junge Menschen eine Möglichkeit mehr gewinnen, sich anzunehmen, wie sie sind, und zugleich zu ahnen, wie sie werden können.«[112]

Freilich ist Wertschätzung – das darf nicht vergessen werden – immer eine doppelte, bilaterale: dem anderen gegenüber und sich selbst gegenüber. Seelsorgerinnen und Seelsorger brauchen dazu

---

111 Orth 2009, 276.
112 Riess 1974, 184.

zum einen Empathiefähigkeit. Empathiefähigkeit ist jedoch mehr als das einmalige In-den-anderen-Hineinfühlen. Sie sollte es den Seelsorgerinnen und Seelsorgern möglich machen, sich auf den notwendigen Kooperationsprozess mit den Jugendlichen einzulassen. Zum anderen brauchen sie Pluralitätsfähigkeit. Pluralitätsfähigkeit bedeutet jedoch nicht, die religiösen und weltanschaulichen Standpunkte der Jugendlichen zu verfestigen. Vielmehr setzt sie aufseiten der Seelsorgerinnen und Seelsorger Echtheit voraus, gepaart mit der Fähigkeit, in eine reflexive Distanz zur eigenen Lebensdeutung treten zu können.

Ein Beispiel:

> Wenn ich kurz vor einem Gespräch mit einem trauernden jungen Menschen stehe, bin ich auch als Seelsorger unsicher, was ich sagen soll. Also eröffne ich das Gespräch mit Schweigen, versuche, ihm das erste Wort zu lassen und warte. Das kann dauern. Ich schweige, und der junge Mensch schweigt auch.
>
> Dann lösen sich die Worte, irgendwann. Aber alles bleibt angespannt und anstrengend für mich. Die Worte fließen nicht. Ich erlebe trauernde junge Menschen als sprachlos, selbst wenn sie ein paar Wörter herausbringen. Ich hoffe, in dieser Sprachlosigkeit schafft das Schweigen Vertrauen. Aber kann ich das aushalten? Menge ich nicht zu schnell meine Worte dazu? Mein unsagbarer Wunsch ist, dass wir im Schweigen Einvernehmen herstellen. Aber worüber? Dass wir über das reden, was dem jungen Menschen wichtig ist, und dass ich wenig weiß, obwohl ich so viel älter bin.
>
> Zum Beispiel. Anna ist seit einigen Tagen nicht zur Schule gegangen. Ihre Mutter war auf dem Weg zur Arbeit tödlich verunglückt. Mit Anna möchte ich darüber sprechen, wie ihr Weg zurück in die Schule nach einer angemessenen Zeit gelingen kann.
>
> Ich beginne das Gespräch, wie ich es beschrieben habe. Ich schaffe es, das Schweigen mit ihr auszuhalten, und irgendwann findet sie ein paar Worte. Nach einer Weile frage ich, wie es sein soll, wenn sie wieder in die Schule gehen wird. Ihre Erwartung ist: »So normal wie möglich«. Ich versuche herauszufinden, was das

ist. Anna kann es sehr genau beschreiben. Sie möchte, dass ihre Freundinnen sie in den Arm nehmen, mit ihr weinen, wenn sie traurig ist, und mit ihr lachen, wenn sie Spaß hat. Da ist für mich viel zu sehen von »so normal wie möglich«, in einer Situation, in der sich fast alles verändert hat.

Von den Lehrerinnen und Lehrern erwartet Anna keine Bevorzugung und keine Sonderrolle. Am wichtigsten ist ihr, dass dominantere Schülerinnen und Schüler Begegnungen mit ihr nicht mit ihrer Situation verkoppeln. Es täte ihr weh, wenn einer sagte: »Ach, komm, lass die, die hat doch keine Mutter mehr.« Wir spielen gemeinsam ihre Handlungsoptionen in solch einer Situation durch.

»Normal« behandelt zu werden, bedeutet für Anna wohl ein Doppeltes: nicht geschont zu werden und zugleich selbst entscheiden zu können, mit wem sie die besondere Situation ihrer Trauer teilt. »Normal« bedeutet aus ihrer Perspektive: Ich bin immer noch die, die du kennst, und wenn du mich traurig oder einfach anders als sonst erlebst, dann ist das auch normal. Und du kannst dich dazu so verhalten, wie es dir entspricht.

3.3 Komplexitätsreduktion

Komplexitätsreduktion bietet eine zweite Entlastung. In einer akuten Krise erfahren Jugendliche in der Regel mehrere Lebensbezüge als belastet (Sachwelt, Mitmensch, Selbst, Sinn). Die Komplexität einer Krise auf vorrangig zu lösende Aufgaben zu reduzieren, entlastet die jungen Menschen, vor dem scheinbaren Chaos zu kapitulieren (»Ich kann nichts tun«). Komplexitätsreduktion ermöglicht oder vereinfacht die Kommunikation. »Was ist jetzt für dich wichtig? Was ist jetzt deine Frage?« – Die Jugendlichen entscheiden, welche Deutungs- und Kooperationsanforderungen, vor die sie sich gestellt sehen, bearbeitet werden sollen.

Auch hier ein Beispiel:

> Nach dem Unterricht spricht mich die 15-jährige Lena an und bittet mich um einen Gesprächstermin. Wir verabreden uns für die kommende Woche. Als wir uns treffen, legt sie mir ein handgeschriebenes Blatt Papier vor, auf dem sie alles aufgeschrieben hat, was ihr durch den Kopf geht und was ihr wichtig ist. Ich lese das Papier, auch wenn es mir lieber gewesen wäre, sie hätte davon erzählt: wie ihr Großvater gestorben ist, der für sie eine wichtige – ich habe den Eindruck, die einzige – Bezugsperson gewesen ist; von ihrem schlechten Verhältnis zu ihrer Mutter; der Beziehung zu einem dreißig Jahre älteren Mann; auch davon, dass sie sich ritzt und immer wieder andeutet, sich das Leben zu nehmen. Im anschließenden Gespräch wirkt sie gefasst. Sie macht einen intelligenten und sehr nachdenklichen Eindruck. Ich versuche, das Knäuel an Themen zu entwirren, und frage sie, was denn aktuell das größte Problem sei. Sie zögert, aber im weiteren Verlauf wird deutlich, dass der Tod ihres Großvaters Lena am meisten belastet. Wir sprechen über ihren Großvater, über Kindheitserinnerungen und darüber, dass er die Familie zusammengehalten habe. Wie Puzzleteile fügen sich die verschiedenen Facetten zu einem großen Bild zusammen. Warum sie sich ritze, könne sie gar nicht sagen. Es ist vielleicht eine Mischung aus vielen negativen Erfahrungen, die ihr schließlich über den Kopf gewachsen sind. Da ich das Gefühl habe, hier an meine Grenzen zu stoßen, spreche ich die Möglichkeit einer therapeutischen Behandlung an, und biete ihr an, den Kontakt zu Experten herzustellen und auch weiterhin für sie ansprechbar zu sein. Ich erfahre, dass sie bereits in Therapie sei, dass sie aber keinen besonders guten Draht zu ihrem Therapeuten habe. Wir verabreden, unser Gespräch ein anderes Mal fortzusetzen. In der Zwischenzeit denke ich oft über den Fall nach. Bei unserem nächsten Treffen stelle ich Lena die Wunderfrage: »Stell dir vor, eine Fee käme und du hättest einen Wunsch frei – was wünschst du dir?« »Dass meine Mutter endlich für mich da ist!«, sagt sie. Also sprechen wir über ihre Mutter. Über die vielen Enttäuschungen und Zumutungen, aber auch über Lenas verbale »Angriffslust« ihrer Mutter gegenüber. Gegen Ende sagt sie, dass

sie noch einmal auf ihre Mutter zugehen und mit ihr reden wolle. Das Thema Therapie, das in diesem Gespräch nicht zur Sprache kam, ist damit noch nicht vom Tisch. In unserem dritten und letzten Gespräch fasst Lena den Entschluss, es noch einmal mit einem anderen Therapeuten oder einer Therapeutin zu probieren. Die ganze Zeit über wirkt sie sehr reflektiert, trotz der vielen Themen, die sie mitgebracht hat. Hier konnte ich sein, was ich als Seelsorger sein möchte: Geburtshelfer. Interessanterweise hat ihre Beziehung zu einem älteren Mann in unseren Gesprächen keine Rolle mehr gespielt. Offensichtlich stand anderes im Vordergrund. Ich habe Lena eine Zeit lang begleitet, ihr zugehört, mit gezielten Rückfragen und Interventionen ein Weiterdenken ermöglicht und bin – mit Blick auf mein eigenes seelsorgliches Handwerkszeug – selbst auch an Grenzen gestoßen. In einem guten Sinn waren unsere Gespräche Begegnungen auf Augenhöhe.

3.4 Progression

Junge Menschen verfügen über Ressourcen erfolgreich gelöster Deutungs- und Kooperationsaufgaben und damit über personale und soziale Kompetenzen. Diese im seelsorglichen Gespräch gemeinsam zu entdecken und wahrzunehmen (»Worauf kannst du dich stützen?«), ist der erste Schritt in Richtung einer Prüfung von Handlungsoptionen (»Was kannst du tun?«). Vermehrte Ressourcen durch Aneignungsangebote, auch der gelehrten und gelebten Religion, können dazukommen (»Worauf möchtest du dich stützen?«).

Ein Seelsorger erzählt folgende Begegnung:

> Judith ist 15. Sie hat Liebeskummer. Sie bittet mich kurzfristig um ein Gespräch. Ich willige ein. Judith erzählt: wie sehr sie ihn liebt; dass sie so viele Pläne hatten; dass sie immer über alles reden konnten. Selbst ihre Eltern seien von ihrem Freund Benny begeistert gewesen. Aber dass er einfach so Schluss gemacht habe, und dann auch noch per WhatsApp, das könne sie überhaupt nicht

> verstehen. Während sie redet, weint sie. Sie wirkt verzweifelt. Als ihr Smartphone klingelt, ist schnell klar: eine Nachricht von Benny. Judith antwortet. Die beiden schreiben hin und her. Zeitweilig bin ich stiller Beobachter. Irgendwann frage ich sie, was ihr größter Wunsch sei. Erstaunlicherweise sagt sie nicht, dass sie wieder mit Benny zusammen sein, sondern dass sie noch einmal mit ihm sprechen wolle, um zu verstehen und um als Freunde auseinanderzugehen. Sehr weise, denke ich. Als ich Judith frage, wer jetzt für sie da sein könne, erzählt sie von ihrer besten Freundin, die die gleiche Klasse besuche wie sie. Trotz ihres jungen Alters und ihrer anfänglichen Verzweiflung denke ich, dass sie genügend Ressourcen hat, um mit ihrem Liebeskummer fertigzuwerden.
>
> Einige Tage später treffe ich Judith und ihre Freundin auf der Straße. Sie macht einen glücklichen Eindruck und erzählt mir, wie sie sich mit Benny ausgesprochen habe und nun nichts mehr zwischen ihnen stehe. Ein Paar sind die beiden nicht mehr. Aber Judith hat es – mit Unterstützung ihrer Freundin – geschafft, ihrem Leben eine Wendung zu geben und neu anzufangen.

Damit ist die Praxis längst erreicht. Wie lässt sich die beschriebene ziel- und ressourcenorientierte Jugendseelsorge nun in Gespräch, Unterricht und Gottesdienst konkretisieren?

4 Praxis einer ziel- und ressourcenorientierten Jugendseelsorge

Abb. 15: Dimensionen einer ziel- und ressourcenorientierten Jugendseelsorge

Zum Einstieg:
Was heißt »seelsorglich helfend handeln«, »seelsorglich unterrichten« und »seelsorglich Gottesdienst feiern« in der Praxis? Wie geht das?

4.1 Die Dimension des helfenden Handelns

4.1.1 Seelsorglich helfend handeln

Ziel- und Ressourcenorientierung ist vor allem im Anschluss an Timm H. Lohses methodische Anleitung für das Kurzgespräch[113] als Gesprächsmethode in der Schulseelsorge beschrieben worden:

»Das zielorientierte Kurzgespräch ist ein gesteuertes Beratungsgespräch, das einmalig stattfindet und in sich abgeschlossen ist.

---

113 Lohse 2013; 2006.

Wie der Name nahelegt, nimmt es nur kurze Zeit in Anspruch, etwa fünf oder zehn Minuten. Das Kurzgespräch reagiert kurz und knapp auf das Anliegen einer Rat suchenden Person und unterscheidet sich somit von einem Beratungsprozess. Aufgrund seiner bewussten Kürze ist es vor allem für sogenannte ›Tür- und Angelgespräche‹ im Schulalltag, aber auch für kurze seelsorgliche Gespräche im Gemeindekontext besonders geeignet. Das Kurzgespräch ist ziel- und ressourcenorientiert. Auf die zumeist spontan vorgebrachte Anfrage eines Rat suchenden Menschen wird im Kurzgespräch methodisch so eingegangen, dass dieser selbst (re-)aktiviert wird, einen ersten Schritt aus seinem ›Problemkarussell‹ herausgehen zu können. Es wird von daher darauf verzichtet, sein ›Problem‹ zu verstehen oder zu analysieren, das hinter der Anfrage verborgen liegt, geschweige denn es zu vertiefen. Dafür sind weder das zeitliche noch das räumliche Setting des Gesprächs geeignet. Der Blick wird konsequent auf die Zukunft gerichtet, Defizite werden ausgeblendet. Die Methodik des Kurzgesprächs geht dabei ressourcenorientiert vor, d. h. es bedient sich der ›Kraftquellen‹, die der Rat suchende Mensch in sich trägt, mit deren Hilfe er in anderen schwierigen Situationen seinen Lebensweg meistern konnte. Es wird davon ausgegangen, dass ein Mensch alles in sich trägt, was er benötigt, um einen Weg aus einer verfahrenen Situation heraus zu finden. Kontakt zu diesen – oft verschütteten – Ressourcen herzustellen, ist gleichermaßen Weg und Ziel des Kurzgesprächs. Der Blick wird konsequent auf die Zukunft gerichtet. Defizite werden ausgeblendet. Dadurch wird der/die Ratsuchende in seiner Eigenständigkeit gefördert.«[114]

Solche Ziel- und Ressourcenorientierung ist zentral für das helfende Handeln in der Jugendseelsorge. Folgende Aspekte dürfen dabei allerdings nicht außer Acht geraten:
1. Ziel- und Ressourcenorientierung setzt Wertschätzung voraus. Die Herstellung eines »symmetrisch-solidarischen« Beziehungs-

---

114 Gutmann/Kuhlmann/Meuche 2014, 64 f.

musters ist wichtig.[115] Weitere Entlastung der Jugendlichen (»Du darfst sein, wie du bist«) muss jedoch hinzukommen.
2. Zielorientiertes helfendes Handeln schließt immer die Möglichkeit von Zielkorrekturen durch die Jugendlichen ein.
3. Ressourcenorientiertes helfendes Handeln meint nicht nur, gemeinsam mit dem oder der Jugendlichen verschüttete Ressourcen zu entdecken und wahrzunehmen (»Worauf kannst du dich stützen?«), sondern schließt auch die Möglichkeit ein, Ressourcen zu bilden (»Worauf möchtest du dich stützen?«).

4.1.2 Impulse für die Praxis
Du darfst sein, wie du bist

> Deborah hat Schwierigkeiten, klar zu artikulieren. Es ist sehr schwer, sie zu verstehen. Sie ist schweigsam, allerdings traut sie sich durchaus zu, etwas zu sagen, wenn es sein muss. Manchmal, wenn zum Beispiel ein Bibeltext reihum gelesen werden soll, dann hat sie durchaus eine feste und laute Stimme. Dennoch versteht man das Gesagte nur, weil man den Text mitlesen kann.
> Gelegentlich kommt es vor, dass die Konfis reihum etwas sagen sollen. Freiwillig würde sich Deborah dabei nie zu Wort melden. Aber wenn alle etwas sagen sollen – z. B. eine Sache benennen, für die sie dankbar sind –, dann sagt auch sie etwas. Mein Eindruck ist, dass die anderen Konfis dann von vornherein davon ausgehen, dass sie Deborah nicht verstehen werden und deshalb gar nicht erst zuhören. Ich kann, wenn ich mich konzentriere, meistens zumindest ahnen, was sie sagt. Ich lasse das dann so stehen, aber oft spreche ich sie später noch einmal an und sage so etwas wie: »Das war vorhin gut, was du gesagt hast. Schade, dass die anderen dann in eine andere Richtung weitergedacht haben. Ich hätte es auch spannend gefunden, wenn wir in deiner Richtung weitergedacht hätten, also …« Hier benenne ich sehr konkret, was ich von ihr gehört habe.
> Außerdem habe ich Deborah klar gesagt, wie gut und auch mutig ich es finde, dass sie sich immer wieder traut, etwas zu sagen,

---
115 Vgl. Lohse 2013, 30–37.

denn ich würde denken, dass sie ja wisse, dass sie manchmal nicht so gut zu verstehen sei. So habe ich nicht so getan, als gäbe es das Problem nicht. Gleichzeitig habe ich die Konfirmandin aber auch spüren lassen, dass ich ihre Sprachschwierigkeiten nicht mit Dummheit verwechsle bzw. gleichsetze.

Der Versuch ist der Erfolg

Niko hat das Asperger-Syndrom. Seelsorge ist hier Inklusionsgeschehen bzw. Inklusion geschieht über einen seelsorgerlichen Ansatz.

Wenn Niko fragt: »Was machen wir heute?«, dann braucht er eine klare Ansage. Auch wenn er das kurz darauf erneut fragt. Er braucht Struktur, ebenso wie Zuspruch und Bestätigung. Da hat es zum Beispiel einen Vorteil, dass ich mich bei Star Trek und Star Wars fast so gut auskenne wie er.

Einmal kommt Niko in der Mittagspause bei einem Konfer-Seminar zu mir. »Da draußen spielen die Mädchen Tischtennis. Meinen Sie, ich kann da einfach mal so hingehen und fragen, ob ich mitspielen kann?«, fragt er. Ich ahne, dass er besonders den Kontakt zu einem Mädchen sucht, das ihm gefällt. »Klar«, sage ich: »Frag einfach.« Ganz bewusst stelle ich ihm aber keinen Erfolg in Aussicht.

Etwas später schaue ich an der Tischtennisplatte vorbei. Niko steht in der Nähe. »Na?«, frage ich: »Spielst du mit?«

»Ja, ich habe mitgespielt, aber jetzt schaue ich lieber zu.«

»Aber die lassen dich schon mitspielen?«, frage ich, wohl wissend, dass er diese Frage nur auf der Sachebene hören wird und nicht als Angebot, gegebenenfalls ein gutes Wort für ihn einzulegen und die anderen zu bitten, ihn mitspielen zu lassen. Trotzdem verschaffe ich mir aber selbst diese Möglichkeit: Falls er jetzt sagt, die anderen würden ihn nicht mitspielen lassen, könnte ich sie bitten, ihn teilhaben zu lassen.

Niko aber scheint sich nicht ausgeschlossen zu fühlen, obwohl ich vermute, dass die anderen ihn zwar haben mitspielen lassen, aber doch auch so abweisend waren, dass Niko sich schnell selbst wieder aus dem Spiel herausgezogen hat.

Trotzdem denke ich, dies ist für Niko ein Erfolg, weil er eine Idee hatte, mit den anderen – und insbesondere mit einem der Mädchen – in Kontakt zu kommen. Diese Idee wurde von mir gutgeheißen und bekam dadurch eine gewisse Qualität. Ich habe sichergestellt, dass Niko nicht verletzt aus der Situation herausgeht, indem er z. B. von den anderen gehänselt wird. Hier hätte ich einschreiten können, wobei es sogar ein Vorteil gewesen wäre, dass Niko manche zwischenmenschlichen Bewegungen nicht wahrnimmt. Er hätte das nicht als peinlich empfunden, wenn der Pastor sich für ihn eingesetzt und die anderen in die Pflicht genommen hätte, ihn so gut wie möglich zu integrieren.

Ressourcen

Wir sind übers Wochenende in einer Jugendherberge auf einem Konfi-Seminar. In einer Pause, als alle anderen den Saal verlassen haben, kommen Judith, Rebecca, Elisabeth und Ruth zu mir.

»Wir haben ein Problem. Wir wissen nicht mehr weiter.«, so fängt das Gespräch an. Dann erklärt Rebecca es genauer: »Wir sind miteinander befreundet. Und wir mögen uns. Auch Judith mögen wir alle. Aber manchmal kriegt die so einen Ausraster. Dann labert sie bloß noch so dummes Zeug und kichert und kann einfach nicht mehr aufhören, zu nerven. Und wir sind dann total genervt und verärgert. Und wir halten das dann gar nicht aus. Und dann streiten wir uns. Aber wir wollen sie ja nicht als Freundin verlieren.«

Die anderen bestätigten das Gesagte durch Kopfnicken, auch Judith. Sie kann die Situation aus ihrer Sicht beschreiben: »Ich will das dann gar nicht. Aber irgendwie tickt es dann in mir aus. Und dann kann ich nicht anders. Dann labere ich nur Scheiße und kriege Lachkrämpfe und bin nur noch albern, auch wenn die anderen gerade ganz ernst sind – oder vielleicht sogar Probleme haben.«

Die vier Mädchen machen einen schier verzweifelten Eindruck und sind den Tränen nah.

Ich überlege kurz, ob Judith möglicherweise Diabetikerin sein könnte, denn die geschilderten Verhaltensweisen erinnern mich an überdrehte Konfis, deren Blutzuckerwerte gerade verrücktspielen. Aber ich habe keine Hinweise auf eine derartige Erkrankung bei Judith und nehme auch nach dem Gespräch, als ich noch einmal genau darauf achte, nichts dergleichen wahr.

Spontan nehme ich eine Moderationskarte und einen Edding und schreibe »Hüselpüh« darauf. »Hier«, sage ich: »ich schenke euch ein Wort. Hüselpüh. Das könnt ihr immer sagen, wenn ihr merkt, dass Judith mal wieder so eine ihrer Phasen kriegt. Und auch Judith kann das sagen, wenn sie merkt, dass es mal wieder losgeht. ›Hüselpüh‹ bedeutet so viel wie ›Achtung, es geht los.‹ Wenn ihr ›Hüselpüh‹ gesagt habt, dann ist klar, dass jetzt etwas passieren muss. Vielleicht könnt ihr dann lachen und Judith kommt wieder runter. Aber es ist dann auch erlaubt, Judith einmal allein zu lassen oder aus dem Zimmer zu schicken, bis sie sich wieder eingekriegt hat. Und Judith darf dann auch einfach gehen. ›Hüselpüh‹ bedeutet aber auch, dass ihr Freundinnen bleibt und euch wieder vertragt, sobald die Hüselpüh-Phase vorbei ist. Probiert es einfach mal aus, okay?«

Die vier Mädchen zeigen sich wenig verwundert, sondern eher erheitert. Sie nehmen die Moderationskarte und verlassen den Saal, tuschelnd und kichernd, wie das für Konfirmandinnen normal erscheint, die sich in der Jugendherberge ein Zimmer teilen.

Ich denke, das Wort »Hüselpüh« hat zunächst einmal für Erheiterung gesorgt. Dadurch wurde dem Problem die Schwere genommen. Für den Moment war es möglich, erst einmal über die etwas verrückte Idee zu lachen. Auch die Vorstellung, Judith könnte wieder »eine ihrer Phasen« bekommen, hatte jetzt etwas Heiteres und auch Spannendes, denn erst dann würden die Mädchen ja die neue Methode ausprobieren können.

Außerdem mag die unerwartete Idee, deren Sinn sich vermutlich nicht sofort voll erschloss, auch zu einer Verstörung geführt haben, die dann die gesamte Situation störte und damit auch veränderte.

Zudem wurden die Mädchen aus der Verantwortung genommen. Beim nächsten Mal wäre weder Judith noch eine der anderen »schuld«, wenn die Stimmung kippen sollte, sondern die Methode hätte versagt. In jedem Fall hätte es für Erheiterung gesorgt, wenn eines der Mädchen plötzlich »Hüselpüh« gerufen hätte, wobei Judith damit aber nicht bloßgestellt worden wäre.

Mir ist nicht bekannt, ob das Wort tatsächlich zum Einsatz kam, aber das Problem schien zumindest für die Zeit des Seminars nicht wieder aufzutreten.

Ein Mehr an Bausteinen

Paula ist zwölf Jahre alt und besucht die 6. Klasse der Gesamtschule, an der ich in der schulbezogenen Jugendarbeit tätig bin.

Sie kommt seit der 5. Klasse regelmäßig zum Gesprächsangebot »Offene Tür« zu mir. Die Klassenlehrerin hatte Gespräche angeregt, da Paula manchmal so heftig weinen muss, dass sie nicht am Unterricht teilnehmen kann. Ihr Vater ist an Krebs erkrankt, was Paula sehr belastet. Die Eltern sind über die Gespräche informiert und unterstützen diese.

Unsere Gespräche stehen unter dem Thema »Wie geht es Paula?«. Das beinhaltet sowohl die familiäre Situation und die Krankheit des Vaters als auch das, was in der Freizeit und Schule so los ist. Paula spricht auch darüber, dass ihr Vater vermutlich nicht mehr sehr lange zu leben hat.

In der letzten Zeit ist es so, dass der Vater oft zur Therapie ins Krankenhaus muss, dort kann Paula ihn nicht besuchen. Wenn es ihm besser geht, kann der Vater für mehrere Wochen nach Hause. Dort gestaltet sich das Familienleben nicht immer einfach: Der Vater muss häufig erbrechen, was Paula eklig findet. Sie hat dann ein schlechtes Gewissen ihm gegenüber. Schon öfter hat der Vater sich jetzt aber einen Spaß daraus gemacht, indem er Erbrechen vortäuscht, um Paula zu ärgern.

Paulas Mutter ist berufstätig und arbeitet als Krankenschwester. Paula ist oft auf sich allein gestellt und für ihr Alter schon reifer als andere Kinder. Sie wirkt vernünftig.

Paula erhält Unterstützung durch den Verein »Löwenmutkids«, der sich um Kinder krebskranker Eltern kümmert.

Beim letzten Gespräch direkt nach den Herbstferien wirkte Paula sehr müde und lustlos. Sie erklärte dies mit dem frühen Aufstehen nach dem Ausschlafen in den Herbstferien. Ich gebe mich mit dieser Antwort zufrieden, lasse Paula aber noch die »Wie geht es mir?«-Uhr einstellen. Das machen wir zu Beginn jedes Gesprächs. Die Uhr stellt sie auf einen Smiley kurz vor »wütend« und erklärt gleich dazu, dass sie sie wegen ihres Vaters so eingestellt hat. Als ich sie frage, warum, ist Paula richtig empört: Der Vater habe wieder versucht, sie zu ärgern, indem er so tut, als müsse er sich übergeben. Paula ist wütend geworden. Der Vater versteht nicht, dass Paula diese Späße nicht mag.

Paula erzählt, dass sie sich für die Gefühle von Ekel und Wut auf ihren Vater schämt. Sie findet die Provokation des Vaters »total bescheuert«. Ich erkläre Paula, dass es völlig ok ist, sauer auf ihren Vater zu sein, auch wenn er schwer krank ist. Man darf sich auch mit kranken Eltern streiten und muss nicht alles gut finden, was sie machen. Ich habe den Eindruck, dass das entlastend auf Paula wirkt.

Paula kann sich vorstellen, auch ihre Mutter um Hilfe zu bitten.

4.2 Die religiös bildende Dimension

4.2.1 Seelsorglich unterrichten

Seelsorge und religiöse Bildung können und sollten zueinanderfinden. Insbesondere in der Konfirmandenarbeit[116], aber auch im Religionsunterricht[117] sollte ein seelsorglicher Unterricht das Ziel sein.

---

116 In den Richtlinien für die Konfirmandenarbeit in der Evangelisch-lutherischen Landeskirche Hannovers beschreiben zwei der drei genannten Ziele kirchlicher Bildungsarbeit deren seelsorgliche Dimension: 1. »Bildung heißt Stärkung des Selbstwertgefühls, der Identität und des Charakters der Konfirmanden und Konfirmandinnen«, 2. »Bildung zielt auf Lebensgestaltung und Handlungsorientierung für die Konfirmanden und Konfirmandinnen« (Evangelisch-lutherische Landeskirche Hannovers 2016, 4 f.).
117 Vgl. Baumann 2003, 43: »Bildung schließt die Sorge um die Würde jedes Schülers ein, und ihr Gelingen hängt mit davon ab, ob sie den bedrängenden seelischen Fragen Raum gibt […]. [D]er Religionsunterricht gibt systematisch Raum für die Erörterung existentieller Fragen der Sinnfindung und Identitätsbildung. Er folgt so konsequent einer subjektorientierten Didaktik,

Als Beispiel für einen seelsorglichen Unterricht mit der Bibel sei im Folgenden eine lebensstilorientierte Bibelerschließung beschrieben.[118] Lebensstilorientierung[119] bietet eine Methode biografischen Lernens[120], die Räume der Begegnung mit biblischen Menschen eröffnet. Ihren Hintergrund bildet die frühe individualpsychologisch-pädagogische Theorie der »Enthüllung«, die hier kurz vorgestellt wird.

Der österreichische Individualpsychologe und Pädagoge Oskar Spiel schreibt 1947 in seinem Werk *Am Schaltbrett der Erziehung*:

»Den Kurs des Lebensschiffes lenkt ein unsichtbarer Steuermann. Er lenkt es in dem Kurs, den wir ihm in unserer Kindheit vorgeschrieben haben. In jener Kindheit, da wir die Untiefen des Lebens noch nicht kannten. Nur allzu gut versteht der unsichtbare Steuermann sein Geschäft. Er ist ein wahrer Zauberkünstler. Dem einen Kind erzeugt er Kopfschmerz vor der Prüfung und bewahrt es so vor dem Sturm der Fragen neugieriger Lehrer; einem anderen verschafft er die notwendige ›Vergeßlichkeit‹, damit es sich erlauben kann, nichts zu tun und trotzdem sein Prestige zu bewahren; dem dritten zaubert er herrliche Buchten der Einsamkeit, damit es keine Nötigung fühle, in den sicheren Hafen der Gemeinschaft einzufahren.«[121]

Es sei nun die Aufgabe der Unterrichtenden, dem Kind durch die »Enthüllung« zu zeigen, dass der in ihm wirkende, unsichtbare, ungewusste Steuermann niemand anderer ist als es selbst, »der bewußt steuernde Kapitän seines Lebensschiffes«:

---

dass ihr sachkritisches Gewicht zukommt […]. Deshalb öffnen sich in diesem Fach Übergänge zur Seelsorge, wenn sensible Themen angesprochen werden, die mit Problemen der Lebenslage von Schülerinnen und Schülern verbunden sind.«
118 Vgl. Günther 2001a; 2001b; 2002; 2004; 2008b.
119 »Lebensstil« wird hier nicht kultursoziologisch als »die Gesamtheit der Wiederholungstendenzen in den alltagsästhetischen Episoden eines Menschen« (Schulze 1992, 103), sondern individualpsychologisch als zielgerichtete Bewegung eines Individuums verstanden.
120 Zur Begründung biografischen Lernens vgl. Becker 2009.
121 Spiel 1947, 146.

»Die ›Enthüllung‹ ist das Kernstück individualpsychologischer Pädagogik. Dadurch, daß sie versucht, das in ihm ungewußt Wirkende dem Kinde zu Bewußtsein zu bringen, unterscheidet sie sich grundsätzlich von allen anderen Systemen der Pädagogik. Die ›Enthüllung‹ sucht den Sinn eines Fehlers oder der ganzen Lebenshaltung dem Zögling klar zu machen; sie versucht, die von ihm unternommene geheime Zielsetzung aufzudecken; sie leitet an, aus der Entstehungsgeschichte der Fehlhaltung gegenwärtiges Verhalten zu verstehen; sie versetzt das Kind erst in die Lage, das ungewußt Wirkende in ihm immer und immer wieder festzustellen und so zu einer wirklichen Selbstdurchschauung zu kommen, ohne die es keine wirklich fruchtbare Selbsterziehung gibt.«[122]

Die Enthüllung, so Spiel weiter, könne entweder an einem fremden Charakter (Lektüre, Drama, Biografie[123]) oder am Kind selbst geschehen. Die Möglichkeit, den Lebensstil an einem anderen Charakter anschaulich zu machen, werde sich jedoch nur selten ergeben, sodass sich der oder die Erziehende der zweiten Möglichkeit bedienen müsse.[124] Gemeinde- und Religionspädagoginnen und -pädagogen dürfen da optimistischer sein. Mit den biblischen Überlieferungen haben sie eine Quelle der Menschenkenntnis, aus der sie schöpfen können.

Es verwundert, dass das »Kernstück« der individualpsychologisch-pädagogischen Theorie Spiels von der Gemeinde- und Religionspädagogik bislang nicht zur Kenntnis genommen worden ist. Zu fragen ist, ob sich ein lebensstilorientierter biblischer Unterricht an den Lernorten Gemeinde und Schule an der Theorie von der »Enthüllung am fremden Charakter« ausrichten lässt. Dabei sollten die Jugendlichen nun aber nicht die Objekte, sondern die Subjekte der »Enthüllung« sein. Sie selbst sollten zu einer erweiterten Wahrnehmung ihrer je eigenen gegenwärtigen Wirklichkeit gelangen kön-

---

122 Spiel 1947, 146.
123 Möglichkeiten des Lernens am fremden Charakter bieten heute z. B. auch Popsongs (Günther 2015b) und aktuelle Filme (Günther 2017).
124 Spiel 1947, 147.

nen, zu einem »Mehr an Bausteinen«[125] und damit zu einem Mehr an Deutungsangeboten, Deutungsressourcen und Handlungsoptionen. Oder mit Spiel ausgedrückt: zu der Erkenntnis, welche Richtung der »unsichtbare Steuermann« eingeschlagen hat und ob es auch die gewünschte Richtung ist.

Voraussetzung ist das »Interesse am Mitmenschen«, nicht nur das Interesse der Jugendlichen an den Mitmenschen vergangener Zeit, sondern zunächst das Interesse der Lehrenden an den Lernenden. Adler schreibt 1931: »Wir müssen [...] das Interesse eines Menschen am Mitmenschen zeigen; kein Interesse könnte wahrer und objektiver sein.«[126]

»Interesse am Mitmenschen« in gemeinde- und religionspädagogischer Perspektive meint *formal* die partnerschaftlich-kooperative Beziehung zwischen Lernenden und Lehrenden. Die Jugendlichen sind per se auf die Unterrichtenden bezogen. Aber nur wenn ihnen dieser Bezug im Sinne der Gleichwertigkeit von Personen erkennbar wird (geradezu bewiesen ist), sie erfolgreich eigene Beiträge zum Unterrichtsgeschehen leisten können[127], kann sich ein Weg von der Kommunikationsfähigkeit über die Partizipations- und Kontributionsfähigkeit hin zur Kooperationsfähigkeit eröffnen.

»Interesse am Mitmenschen« meint in einem lebensstilorientierten biblischen Unterricht sodann *inhaltlich* die Erweiterung der Wahrnehmung der eigenen gegenwärtigen Wirklichkeit durch den Vergleich eigenen Erlebens und Verhaltens mit dem Erleben und Verhalten der biblischen Menschen. Mit Recht schreibt die Religionspädagogin Martina Kumlehm:

---

125 Vgl. Brandl 1981, 185: »Ich spreche die Vermutung aus, wie Erbe und Umwelteinflüsse sollten auch Lernangebote als ›Bausteine‹ benützt werden können, aber nur in einem sozialen Horizont, das Zusammenleben betreffend und zugleich als Quelle der Regeneration, der Erneuerung seelischer Gesundheit.«
126 Zitiert nach Ansbacher/Ansbacher 1982, 320. Die dt. Übersetzung in Adler 1933/1979, 65, lautet: »Wir müssen [...] die Anteilnahme eines Menschen an seinem Nebenmenschen erweisen. Keine Anteilnahme könnte aufrichtiger und gerechter sein.«
127 Tymister 1990, 14.

»Jugendliche nehmen ihrem Alter gemäß sehr intensiv die Gegenwart wahr und richten ihren Blick mehr oder weniger erwartungsvoll auf die Zukunft, interessieren sich für die Vergangenheit jedoch nur so weit, als sie für Gegenwarts- und Zukunftsbezug von einsehbarem Interesse ist.«[128]

Einsehbar wird das Interesse für die Mitmenschen vergangener Zeit dann, wenn die Begegnung mit ihnen dazu verhilft, mit den Deutungsanforderungen der eigenen gegenwärtigen Wirklichkeit flexibel umgehen zu können. Die kritische Wahrnehmung des eigenen Lebensstils aufgrund eines »Mehr an Bausteinen«, eines Mehr an Deutungsangeboten, stärkt die Deutungs- und Handlungskompetenzen der jungen Menschen als Ressource.

Zwei Bedingungen müssen demnach erfüllt sein, um dem beschriebenen Ziel einer kritischen Wahrnehmung des eigenen Lebensstils näherzukommen.

1. Die partnerschaftlich-kooperative Beziehung zwischen Lehrenden und Lernenden

Eine partnerschaftlich-kooperative Beziehung herzustellen, gelingt, wenn sich die Unterrichtenden ihrer verschiedenen Aufgaben, der jeweiligen Ziele und Voraussetzungen bewusst sind. Als Vorschlag die folgende Auflistung (Tab. 2).

---

128 Kumlehm 2007, 295.

Tab. 2: Aufgaben, Ziele und Voraussetzungen einer partnerschaftlich-kooperativen Beziehung

Aufgabe	Ziel, ...	Voraussetzung, ...
Beobachten	dass die Jugendlichen sich in ihrem Sosein erkannt und geachtet wissen.	dass die Unterrichtenden die Jugendlichen in ihrem Sosein kennenlernen.
Erforschen und Deuten	dass die Jugendlichen sich in der Wahrnehmung ihres Erlebens und Verhaltens erkannt und geachtet wissen.	dass die Unterrichtenden kennenlernen, wie die Jugendlichen ihr Erleben und Verhalten wahrnehmen.
Kontaktsuchen	dass die Jugendlichen, ohne Angst um den eigenen Wert haben zu müssen und ohne auf Werterhaltungsstrategien zurückgreifen zu müssen, eigene Beiträge leisten können.	dass die Unterrichtenden den Jugendlichen Gelegenheiten geben, eigene Beiträge zu leisten, und diese annehmen.
Entlasten	dass die Jugendlichen sich als Personen erleben, die grundsätzlich kompetent sind, Probleme zu lösen.	dass die Unterrichtenden auf die grundsätzliche Problemlösungskompetenz der Jugendlichen vertrauen.
Enthüllen	dass die Jugendlichen durch eine erweiterte Wahrnehmung ihres Erlebens und Verhaltens zu einer kritischen Wahrnehmung ihres je eigenen Lebensstils befähigt werden und die Möglichkeit haben, diesen zu prüfen und ggf. zu korrigieren.	dass die Unterrichtenden an den Lebensstilen der Jugendlichen interessiert sind und ihnen den Freiraum gewähren, diesen zu prüfen und ggf. zu korrigieren.
Trainieren	dass die Jugendlichen den Versuch genauso hoch bewerten wie den Erfolg.	dass die Unterrichtenden den Versuch genauso hoch bewerten wie den Erfolg.
Regieführen	dass die Jugendlichen die Erfahrung von Kooperation machen.	dass die Unterrichtenden die Jugendlichen als Partner in einer Übung in Kooperation ansehen.

2. Die grundsätzliche Möglichkeit, dem Lebensstil eines biblischen Menschen auf die Spur zu kommen

Versteht man Bibelerschließung als Begegnung mit einem Mitmenschen in der Bibel, als Verständigungsbemühung mit ihm, so dürfen dann Fragen zur Wahrnehmung und Verständigung über das Lebensstiltypische am Problemlösungsverhalten dieses Menschen gestellt werden. Jedoch nur dann, wenn die biblische Überlieferung das Material für eigene Antworten bietet. Daher sind Antwortversuche beispielsweise auf die von Robert F. Antoch genannten Fragen zur Lebensstilanalyse[129] immer dahin gehend am Text zu prüfen, ob sie Antworten des biblischen Menschen sein können:

- Welche Einstellung hat der Mensch zu »den anderen«? Gemeint sind Regelmäßigkeiten im Fühlen, Denken und in den Handlungsdispositionen.
- Welche Einstellung hat er zu sich selbst und zu den Rollen, die er spielt?
- Wie bewertet er seinen bisherigen Lebensweg, und welchen Eindruck hat er von den Aufgaben, vor die er sich gestellt sieht?
- Welche Mittel setzt er zur Zielerreichung ein?
- Welche Ziele verfolgt er, und welche hat er erreicht?

Im Anschluss an Antoch ließe sich sagen: Jede Antwort auf diese Fragen, die im Gespräch mit dem Menschen in der Bibel erarbeitet, modifiziert und immer weiter differenziert werden müssen, kennzeichnen das Besondere, Charakteristische des betreffenden Menschen. Antoch schreibt:

> »Im Zusammenhang gesehen, ergeben sie die einheitliche einmalige Konstellation, die in der Individualpsychologie der Lebensstil des Individuums heißt: die für diese und *nur* für diese Person charakteristische Weise, in der sie die von ihr erlebten Mangellagen zu überwinden trachtet. In diesem ganzheitlichen Bezugsrahmen findet die Symptomatik ihren Stellenwert; sie wird auf diesem Hintergrund *nicht erklärt* (nicht als notwendige Wirkung bestimmter Ursachen gekennzeichnet): sie wird *verständlich*

---

129 Antoch 1981, 92 f.

als eine unter der Voraussetzung einer bestimmten Zielsetzung *mögliche* – in diesem Fall eingetretene – Folge gewisser fremd- und selbstbestimmter Bedingungen.«[130]

Das Ziel eines solchen Gespräches ist es, die Perspektive der Begegnung schrittweise immer wieder zu wechseln – so oft es der Text erlaubt –, sodass die Jugendlichen sich (von sich selbst her) befragen lassen.

Tab. 3: »Idealtypischer« Gesprächsverlauf von Jugendlichen mit einem biblischen Menschen

Jugendliche/Jugendlicher	Biblischer Mensch
⟶	Welche Einstellungen hat der biblische Mensch zu »dem anderen«?
Welche Einstellungen habe ich zu »dem anderen«?	⟵
⟶	Welche Einstellungen hat der biblische Mensch zu sich selbst und zu den Rollen, die er spielt?
Welche Einstellungen habe ich zu mir selbst und zu den Rollen, die ich spiele?	⟵
⟶	Wie bewertet der biblische Mensch seinen bisherigen Lebensweg? Welchen Eindruck hat er von den Aufgaben, vor die er sich gestellt sieht?
Wie bewerte ich meinen bisherigen Lebensweg? Welchen Eindruck habe ich von den Aufgaben, vor die ich mich gestellt sehe?	⟵
⟶	Welche Mittel setzt der biblische Mensch zur Zielerreichung ein?
Welche Mittel setze ich zur Zielerreichung ein?	⟵
⟶	Welche Ziele verfolgt der biblische Mensch? Welche hat er bereits erreicht?
Welche Ziele verfolge ich? Welche habe ich bereits erreicht?	⟵

---

130 Antoch 1981, 92 f.

Der hier unternommene Versuch zu Spiels Theorie der »Enthüllung am fremden Charakter« stellt das konkrete Erleben und Verhalten eines biblischen Menschen in das Zentrum der Begegnung. Im Anschluss an die von Michael Meyer-Blanck genannten Intentionen einer Didaktik religiöser und christlicher Zeichenprozesse[131] lässt sich das Vorgehen genauer fassen. Eine stufenweise sich erweiternde Wahrnehmung kann durch das »Studieren, Probieren und Kritisieren« des beschriebenen Erlebens und Verhaltens erreicht werden. Zunächst allerdings, ohne nach religiösen Implikationen Ausschau zu halten:

Das *Studieren* erlaubt es, im Gespräch mit dem Menschen in der Bibel Antworten auf die eingangs genannten Fragen zum Lebensstiltypischen seines Problemlösungsverhaltens zu erarbeiten, zu modifizieren und immer weiter zu differenzieren. Dabei fragen die Jugendlichen (von sich selbst her) und lassen sich entsprechend (von sich selbst her) befragen.

Das (gedankliche, spielerische, gestalterische) *Probieren* von Erleben und Verhalten ist immer zugleich das Probieren eigenen Erlebens und Verhaltens. Auf dieser wirklichkeitsentsprechenden und damit grundsätzlich als glaubwürdig und relevant erfahrbaren Grundlage können Ziel und Bewegung des Menschen in der Bibel nunmehr als *Tertium Comparationis* (Vergleichspunkt) dienen.

Das *Kritisieren* gibt den Jugendlichen schließlich die Freiheit, sich ein eigenes Urteil im Hinblick auf den Lebensstil des biblischen Menschen sowie auf ihren je eigenen Lebensstil zu bilden und Möglichkeiten einer Korrektur zu prüfen, im günstigen Fall unter Einbeziehung der Frage nach einer Glaubenserfahrung (Tab. 4).

---

131 Meyer-Blanck 1995, bes. 118–123.

Tab. 4: Studieren, Probieren und Kritisieren des Erlebens und Verhaltens

	Jugendliche/ Jugendlicher	Biblischer Mensch
Hypothese zum Ziel und zur Bewegung des biblischen Menschen	⟶	
Hypothese zum eigenen Ziel und zur eigenen Bewegung	⟵	
Korrektur des Lebensstils des biblischen Menschen? Aufgrund einer Glaubenserfahrung?	⟶	
Korrektur des eigenen Lebensstils? Aufgrund einer Glaubenserfahrung?	⟵	

Meyer-Blanck ist zuzustimmen, wenn er an anderer Stelle schreibt:

» [A]lle Unterrichtenden wissen, daß die berühmte Frage ›Und was glaubst du?‹ Sternstunden vorbehalten ist und nicht zur Grundlage einer didaktischen Konzeption gemacht werden kann. Die Frage nach der Wahrheit gewinnt ihre Würde gerade dadurch, daß sie nicht allzu schnell beantwortet werden kann.«[132]

Doch kann die Begegnung mit den biblischen Menschen zu einer Begegnung mit dem »unsichtbaren Steuermann« werden. Ihn wahrzunehmen, heißt, selbst steuernder Kapitän des eigenen Lebensschiffes sein zu können.

4.2.2 Impulse für die Praxis

Die lebensstilorientierte Bibelerschließung[133] soll am Beispiel, der Heilung des besessenen Geraseners (Markus 5,1–20)[134] entfaltet werden.

Die Erzählung von der wundersamen Heilung des Geraseners gibt eine Vielzahl von Rätseln auf. Sie klinge, so schreibt Her-

---

132 Meyer-Blanck 1998, 149.
133 Vgl. auch Günther 2008a (Kain und Abel); 2009b (Petrus); 2011c (Judas); 2014b (Maria Magdalena); 2008b, 127–146.
134 Vgl. Günther 1999.

mann Gunkel, »[…] wie ein nicht ohne Humor erdichtetes Zaubermärchen.«[135] Rudolf Bultmann erkennt »ein[en] volkstümliche[n] Schwank«, der auf Jesus übertragen worden sei.[136] Markus 5,1–20 hat wie kaum eine andere Wundergeschichte die Fantasie der Exegeten angeregt und sie ermutigt, das ganze Repertoire exegetischer Methoden zu testen.[137] Die Geschichte zeige sich, so wird bilanziert, den exegetischen Versuchen gegenüber als äußerst »widerspenstig«[138] und der gläubigen Betrachtung gegenüber als »Zumutung«[139].

Biblisch-theologische Annäherung

1 Und sie kamen ans andre Ufer des Meeres in die Gegend der Gerasener. 2 Und als er aus dem Boot stieg, lief ihm alsbald von den Gräbern her ein Mensch entgegen mit einem unreinen Geist. Der hatte seine Wohnung in den Grabhöhlen. Und niemand konnte ihn mehr binden, auch nicht mit einer Kette; 4 denn er war oft mit Fesseln an den Füßen und mit Ketten gebunden gewesen und hatte die Ketten zerrissen und die Fesseln zerrieben; und niemand konnte ihn bändigen. 5 Und er war allezeit, Tag und Nacht, in den Grabhöhlen und auf den Bergen, schrie und schlug sich mit Steinen.

6 Da er aber Jesus sah von ferne, lief er hinzu und fiel vor ihm nieder, 7 schrie laut und sprach: Was habe ich mit dir zu schaffen, Jesus, du Sohn des höchsten Gottes? Ich beschwöre dich bei Gott: Quäle mich nicht! 8 Denn er hatte zu ihm gesagt: Fahre aus, du unreiner Geist, von dem Menschen! 9 Und er fragte ihn: Wie heißt du? Und er sprach zu ihm: Legion heiße ich, denn wir sind viele. 10 Und er bat Jesus sehr, dass er sie nicht aus der Gegend vertreibe. 11 Es war aber dort am Berg eine große Herde Säue auf der Weide. 12 Und die unreinen Geister baten ihn und sprachen: Lass uns in die Säue fahren! 13 Und er erlaubte es ihnen. Da fuhren sie aus und fuhren in die Säue, und die Herde stürmte den Abhang hinunter ins Meer, etwa zweitausend, und sie ersoffen im Meer.

14 Und die Sauhirten flohen und verkündeten das in der Stadt und auf dem Lande. Und die Leute gingen, um zu sehen, was da geschehen war, 15 und kamen zu Jesus und sahen den Besessenen, der den Geist »Legion« gehabt hatte, wie er dasaß, bekleidet und vernünftig, und sie fürchteten sich. 16 Und die es gesehen hatten, erzählten ihnen, was dem Besessenen widerfahren war und das von den Säuen. 17 Und sie fingen an und baten Jesus, aus ihrem Gebiet fortzugehen.

---

135 Gunkel 1917, 87.
136 Bultmann 1979, 225.
137 Vgl. Berg 1993, 77–401.
138 Vgl. Pesch 1972, 11.
139 So schon Strauß 1891, 183.

18 Und als er in das Boot stieg, bat ihn, der vorher besessen war, dass er bei ihm bleiben dürfe. 19 Aber er ließ es ihm nicht zu, sondern sprach zu ihm: Geh hin in dein Haus zu den Deinen und verkünde ihnen, welch große Dinge der Herr an dir getan und wie er sich deiner erbarmt hat. 20 Und er ging hin und fing an, in den Zehn Städten auszurufen, wie viel Jesus an ihm getan hatte; und jedermann verwunderte sich. (Markus 5,1–20, Luther 2017)

Markus 5,1–20 ist die längste Wundergeschichte im Neuen Testament. Wie bereits Markus 1,21–28 – das erste Wunder im Markusevangelium – steht auch die Gerasenererzählung an herausgehobener Stelle. Mit der Seesturmerzählung (Mk 4,35–41) als Einleitung folgt sie einer Sammlung von drei Gleichnissen (Mk 4,1–25; 4,26–29; 4,30–34) und stellte den Beginn eines Wunderzyklus dar (Mk 4,35–5,43).

Einzelanalysen

- *V. 1–5:* Der eigentliche Bericht beginnt, nach dem einleitenden ersten Vers, mit der Begegnung Jesu mit dem Besessenen (V. 2–3a). Die Beschreibung des besessenen Menschen (V. 2b–5) soll zum einen dessen Unreinheit (V. 2b: er hat einen unreinen Geist; V. 3a: er wohnt in Grabhöhlen), zum anderen die Macht des Dämons (v. a. V. 5: der selbstzerstörerische Mensch ist nur noch das Instrument des Dämons) verdeutlichen.
- *V. 6–13:* Die Auseinandersetzung Jesu mit dem Dämon beginnt mit dem Herbeilaufen des Besessenen (= des Dämons) mit anschließendem Kniefall (V. 6). Der Besessene äußert sich mit der Abwehrformel »Was habe ich mit dir zu schaffen?«, mit der direkten Anrede Jesu und mit einem Beschwörungsversuch. Kniefall und Anrede Jesu als »Sohn des höchsten Gottes« zeigen das Eingeständnis, dass Jesus der Überlegene ist. Der anschließende Beschwörungsversuch ist ein Bild für die Auswegslosigkeit des Dämons.[140] Vers 8 hat den Charakter einer nachgetragenen Begründung für Vers 7c. Gegen die Ursprünglichkeit des Verses spricht, dass ein solches Gespräch, wie es der Dämon Vers 7 beginnt, die sofortige Wirksamkeit des Ausfahrbefehls Jesu widerlegen würde. Die Merkwürdigkeit, dass der Dämon den Namen Jesu kennt, dieser aber den Namen des Dämons nicht,

---

140 Gnilka 1978, 204.

resultiert aus der Absicht des Erzählers, den Namen des Dämons an dieser Stelle zur Sprache zu bringen (V. 9): Legion. Der Name und der in den weiteren Äußerungen des Dämons vorkommende Plural soll dem Leser dessen Stärke und Macht (im Besessenen haust geradezu ein Heer von Dämonen) vor Augen führen. Zwischen der ersten (V. 10) und zweiten (V. 12) Konzessionsbitte des Dämons wird das Motiv der Schweine eingeführt, das im Wesentlichen die Aufgabe hat, die Faktizität des erfolgten Exorzismus darzustellen. Die Dämonen übertragen ihr selbstzerstörerisches Treiben auf die Schweine, deren Ertrinken sie letztlich ihrer neuen Behausung beraubt (V. 13). Die Zahl 2000 weist noch einmal auf die Stärke des Dämons hin.

- *V. 14–17:* Es folgt eine zweite Feststellung der Faktizität in vier Motiven (= durch vier Indizien): der Bericht der Hirten (V. 14a), das Herbeikommen der Leute (V. 14b), der bekleidet und vernünftig dasitzende, zuvor besessene Mensch und die nochmalige Erwähnung der Schweine (V. 15). Das Admirationsmotiv (ein Staunen wäre hier zu erwarten; vgl. V. 20; Mk 1,27) ist durch das Motiv der Furcht (V. 14) und Ablehnung Jesu ersetzt worden. Der Grund der heftigen Reaktionen der Augenzeugen ist, »[…] daß dieser Exorzist ihnen unheimlich geworden ist«, weil sie »die Bedeutsamkeit des Wunders zu sehen, nicht imstande waren.«[141]
- *V. 18–20:* Die Bitte des Geheilten wird von Jesus abgelehnt. Er wird vielmehr beauftragt, nach Hause zu gehen und zu berichten, welch große Wohltat ihm der Herr getan und wie er sich seiner erbarmt hat. Die Verbindung von Kyrios und Erbarmen (V. 19: »verkünde ihnen, welch große Dinge der Herr an dir getan und wie er sich deiner erbarmt hat«) ergibt, dass Gott als der Handelnde verstanden wird.

Die ursprünglichen Vorstellungen, die mit dem Bericht verbunden waren, können benannt werden:
- Jesus treibt einen besonders starken Dämon aus.
- Gottes Handeln bewirkt das Wunder.

---

141 Gnilka 1978, 206.

Martin Dibelius bezeichnet die Erzählung als »Epiphaniegeschichte, in [der] die göttliche Kraft des göttlichen Wundertäters sichtbar erscheint.«[142] In diesem Sinn hat sie eine deutliche, wenn nicht geradezu modellhafte Ausrichtung auf die Heidenmission.

Lebensstilorientierte Annäherung

V.1–5: Die Stufen entmutigten Verhaltens
In der Regel wird das Phänomen der Besessenheit wesentlich als eine intrapersonale Zerrissenheit gedeutet. Das mit der Unreinheit des Geraseners gleichzusetzende Verhalten (er wohnt in den Grabhöhlen) beschreibt ebenso wie das auf seine Besessenheit zurückzuführende Handeln (er zerreißt die Ketten, zerreibt die Fesseln, schreit und schlägt sich mit Steinen) eine einheitliche Bewegung in Richtung einer zunehmenden Distanzierung von der Gemeinschaft. Hier steht demnach eine interpersonale Zerrissenheit im Vordergrund.

Die Distanz zwischen dem Gerasener und seinem sozialen Umfeld hat sich im Laufe der Zeit erheblich vergrößert. Zunächst hat er die äußere Distanz noch dadurch zu überwinden vermocht, dass er durch sein Schreien Aufmerksamkeit erregte (V. 5b). Anfangs war es auch möglich, ihn zu binden (V. 4a). Später gelang dies nicht mehr. Nicht einmal mit einer Kette konnte man ihn binden ($δῆσαι$). Er war den anderen überlegen. Sodann waren die anderen ihm unterlegen: Niemand hatte die Kraft, ihn zu bändigen ($δαμάσαι$). Die Steigerung von $δῆσαι$ zu $δαμάσαι$ impliziert den Wechsel der Perspektive. Aus der Überlegenheit des Geraseners wird die Unterlegenheit der anderen.

Schließlich endet die Beschreibung, indem der Gerasener als sich selbst zerstörender und damit in äußerster Distanz zu seiner Umwelt lebender Mensch dargestellt wird. Er hat die Hoffnung auf angemessene Beachtung aufgegeben und richtet sein Ziel, Vergeltung zu suchen, schließlich gegen sich selbst: Er schlug sich mit Steinen (V. 5b).

Die Geschichte zeichnet in den ersten fünf Versen das Bild eines schwer entmutigten Menschen in seiner Zeit ante Christum. Die

---

142 Dibelius 1970, 91.

Suche nach Vergeltung kennzeichnet seinen Lebensstil. Aufgrund seiner Glaubenserfahrung, die mit Vers 6 bereits vorbereitet wird, korrigiert der Geheilte seinen Lebensstil.

V. 6–14a: Kommunikation als erste Stufe ermutigten Verhaltens

Ein letzter Rest verschütteter sozialer Aktivität kommt beim Anblick Jesu zum Vorschein. Der Gerasener ergreift die Initiative und stellt eine Beziehung zum Heiler her. Das Hinzulaufen und spätestens der Kniefall sind zweifellos Formen nonverbaler Kommunikation (V. 6). Noch ist es der Mensch, der handelt. In den Versen 7–13 handelt der Dämon durch den Gerasener (Abwehrformel, Konzessionsbitten, Namensnennung) und schließlich handeln die Dämonen durch die Schweine. Der gesamte Abschnitt lässt eine lebensstilorientierte Erschließung im Blick auf den Gerasener nicht zu, da dessen Verhalten nicht beschrieben wird. Am Text zu belegen ist allein die in Vers 6 geschilderte Aktivität des Geraseners, die den Fortgang der Geschichte und die Heilung freilich erst möglich macht.

V. 14b–18: Partizipation und Kontribution als weitere Stufen ermutigten Verhaltens

Die herbeikommenden Leute sehen den Gerasener, wie er dasitzt, bekleidet und vernünftig. Damit ist die äußere Distanz zu seiner sozialen Umwelt überwunden, indem der ehemals Außenstehende nun diejenigen Eigenschaften zeigt, die zur Teilnahme an der Gemeinschaft erforderlich sind. Äußerlich unterscheidet ihn nichts von den anderen. Der Gerasener gerät in Vers 16f. abermals aus dem Blick. Die Reaktion der Augenzeugen bezieht sich allein auf das Wunder. Schließlich aber bietet der Geheilte an, selbst einen Beitrag zu leisten und bei Jesus zu bleiben. Obgleich es nicht sicher zu belegen ist, scheint der Wunsch des Geraseners doch in Richtung einer Mitarbeit am Werk Jesu zu gehen.

V. 19f.: Kooperation als höchste Stufe ermutigten Verhaltens

Die Antwort Jesu schränkt die Möglichkeit der Kontribution ein und eröffnet sogleich jene der eigenverantwortlichen Kooperation, die der Gerasener sodann ergreift.

Der markinische Exorzismusbericht lässt sich als »Ermutigungsgeschichte« lesen. Der Gerasener zeigt vor seiner Heilung die Züge eines schwer entmutigten Menschen. Die Bewegungslinie des Geheilten hat dann eine neue Richtung. Die Überwindung der Mangellage gelingt durch ein Verhalten, das durch eine stetige Zunahme an Gemeinschaftsgefühl gekennzeichnet ist. Der Gerasener ist zum Schluss fähig, eigenverantwortlich am Werk der Mission mitzuarbeiten. Er ist in der Lage zu kooperieren.

Beziehung auf das eigene Leben

Den Gerasener und seine Geschichte auf das je eigene Leben zu beziehen, gelingt selten über eine rein kognitive Annäherung. Vor allem mit Konfirmandinnen und Konfirmanden und oft auch mit Schülerinnen und Schülern ist eine leiblich-sinnliche Annäherung vorzuziehen (mit Michael Meyer-Blanck: die Geschichte des Geraseners sollte »probiert« werden). Dann allerdings stellt sich das Fragen und Gefragtwerden (vgl. S. 91 f.) von allein ein.

Eine Idee: Die Jugendlichen bilden Kleingruppen (zu jeweils fünf bis sechs Personen). Jede Kleingruppe erhält ein Textblatt, jede Person ein Aufgabenblatt folgenden Inhalts:

> 1. Die Geschichte hören
> - Bittet jemanden in eurer Gruppe, die Geschichte laut vorzulesen.
> - Setzt euch als Zuhörerinnen und Zuhörer so hin, dass ihr gut zuhören könnt. Achtet beim Hören auch auf euch selbst: welche Empfindungen verspürt ihr? Welche Erinnerungen und Einfälle kommen euch?
> - Wiederholt in eurer Gruppe unkommentiert nacheinander die Worte, die ihr besonders im Ohr habt und die nachklingen.
> - Erzählt euch einander von den Bildern, die ihr beim Hören der Geschichte vor euch gesehen haben.

> 2. Die Geschichte inszenieren
> - Nehmt die »inneren Bilder« eurer Gruppe auf, um die Geschichte pantomimisch darzustellen.
> - Wie erlebt der Gerasener die Situation? Was tut er?
> - Probiert eine entsprechende Körperhaltung, Gestik und Mimik aus.
> - Stellt die Wendung in der Geschichte dar. Wie hat sich das Leben des Geraseners verändert und wodurch?

Nachdem eine Gruppe ihre Spielszenen präsentiert hat, wird sie gebeten, zunächst nicht in das Gespräch der Gruppe einzugreifen. Die Zuschauerinnen und Zuschauer sollen in drei Gesprächsgängen auf folgende Fragen antworten:
- Was habe ich gesehen?
- Was habe ich empfunden?
- Welche Wendungen der Geschichte wollte die Gruppe darstellen?

Erst jetzt wird die Gruppe gefragt, ob die Wahrnehmungen der Zuschauerinnen und Zuschauer mit ihrer Absicht, die Szenen zu gestalten, übereinstimmen.

Das Gespräch in der Gesamtgruppe bietet anschließend Raum zum Austausch über das Erlebte.

4.3 Die liturgisch-spirituelle Dimension

4.3.1 Seelsorglich Gottesdienst feiern

Aus der Perspektive der Jugendseelsorge besteht die liturgische (und homiletische) Herausforderung darin, Validation, Komplexitätsreduktion und Progression für die Jugendlichen leibhaft und sinnlich erfahrbar werden zu lassen.[143] Zu fragen ist: Um welche Formen lässt sich die religiöse Feier erweitern, damit sie sich als Subjekte in der Kommunikation zwischen Gott und den Menschen und zwischen den Gottesdienstfeiernden erleben können? Das *Evangelische*

---

143 Vgl. Günther 2015a.

Gottesdienstbuch formuliert in seiner Einführung das erste Kriterium für das Verstehen und Gestalten des Gottesdienstes wie folgt: »Der Gottesdienst wird unter der Verantwortung und Beteiligung der ganzen Gemeinde gefeiert.«[144] Übertragen auf den Gottesdienst mit Jugendlichen: Sie sind eingeladen, den Gemeindegottesdienst aktiv mitzugestalten.

Folgende Formen nehmen die liturgische (und homiletische) Herausforderung auf:

Von den Jugendlichen im Konfirmandenunterricht oder im Religionsunterricht entworfene oder ausgewählte Anspiele oder Lesescenen, die durch pantomimisches Spiel umgesetzt werden, stellen das Thema des Gottesdienstes zu Beginn vor. Die Szenen entstammen nicht der Bibel, sondern dem gelebten Leben der Gottesdienstfeiernden. Es sind typische, manchmal überspitzte Szenen, in denen sich ihre Erlebnisse, Erfahrungen, auch ihr In-Gebrauch-Nehmen von Religion widerspiegelt.

Von den Jugendlichen entworfene oder ausgewählte Aktionen zum Mitmachen ermöglichen eine aktive Auseinandersetzung mit dem Thema. Die Jugendlichen können für sich entscheiden, was für sie jetzt wichtig ist, was jetzt ihre Frage ist.

Die Predigt als Zentrum des Gottesdienstes sollte den Dreischritt Validation, Komplexitätsreduktion und Progression selbst gehen. Sie hat die Aufgabe, die Such- und Fragebewegungen in den Anspielen und Aktionen in Worte zu fassen. Sie bietet Lebens-, Denk- und Glaubensmöglichkeiten an, die gelebte Religion der Gottesdienstfeiernden stark und tragfähig zu machen.

Die Jugendlichen haben schließlich Gelegenheit, selbst Gebetsworte zu schreiben: auf der einen Seite Lob und Dank (»Worauf kann ich mich stützen?«), auf der anderen Seite Klage und Bitte (»Worauf möchte ich mich stützen?«). Zu Lob und Dank kann eine Kerze entzündet werden, zu Klage und Bitte ein Stein abgelegt werden.

---

144 Kirchenleitung der Vereinigten Evangelisch-lutherischen Kirchen Deutschlands 2000, 15.

Tab. 5: Möglicher Ablauf eines seelsorglichen Gottesdienstes

Eingang	Vorspiel, Anmoderation
	Eingangsgebet
	Lied
Mitte	Anspiel
	Lied
	Aktionen zum Mitmachen
	Lied
	Predigt
	Lied
Ausgang	Abkündigungen
	Lied
	Gebetsaktion
	Vaterunser
	Lied
	Segen und Liedstrophe

4.3.2 Impulse für die Praxis

Als Impulse für die Praxis seien Bausteine für generationenübergreifende Gottesdienste zum Mitmachen vorgestellt.[145]

Mensch, wer bin ich? – Identität und Selbstwert

Tab. 6: Möglicher Gottesdienstablauf

Eingang	Vorspiel, Anmoderation
	Eingangsgebet
	Lied: Wir tragen viele Masken (T: Gisela Spitzer/M: Klaus Panthel; z. B. in: Singt mit uns, Neuhausen/Stuttgart 1987)

---

145 Die Gottesdienste wurden in Alfeld/Leine in der Reihe »HotSpot – der andere Gottesdienst« an verschiedenen Sonntagen im Kirchenjahr als Hauptgottesdienste der dortigen St. Nicolai-Gemeinde gefeiert. An der Gestaltung beteiligten sich Konfirmandinnen und Konfirmanden, Schülerinnen und Schüler, ältere Jugendliche und junge Erwachsene sowie ein Team haupt- und ehrenamtlich Mitarbeitender im Ev.-luth. Kirchenkreis Hildesheimer Land – Alfeld. Vgl. Grünwaldt/Günther 2011; Günther 2010/2011; Günther 2011/2012b; Grünwaldt/Günther 2015/2016.

Mitte	Anspiele
	Lied: Erforsche mich, Gott (T/M: Jörg Swoboda; z. B. in: Du bist Herr. Anbetungslieder, Band 2, Neuhausen/Stuttgart 1991)
	Aktion
	Lied: Wo ich auch stehe (T/M: Albert Fey, z. B. in: Du bist Herr, Anbetungslieder, Band 3, Asslar 1995).
	Predigt
	Lied : Nähme ich Flügel (T/M: Christfried Wendt; z. B. in: Sein Ruhm, unsere Freude, Krelingen 1989)
Ausgang	Abkündigungen
	Gebetsaktion
	Vaterunser
	Lied: Möge die Straße
	Segen und Liedstrophe: Möge die Straße

Anspiele

Kurze Geschichten werden vorgelesen und gleichzeitig pantomimisch dargestellt.

Geschichte 1
Sonntags, so gegen 5 am Nachmittag, fährt er los. Er gibt seiner Frau einen Kuss, seiner Tochter auch – wenn sie mal zu Hause ist. Seine Frau sagt: »Fahr vorsichtig.« Er steigt in den schwarzen A6 und nimmt die Autobahn Richtung Hamburg.

Am Freitag, spät abends, ist er immer zurück.

Es war einmal sein Traumjob. Vor zwei Jahren hatte ihm die Firma das doppelte Gehalt geboten, um ihn abzuwerben. Abteilungsdirektor mit Dienstwagen, Sekretärin, ein Büro mit Blick auf die Alster. Die ersten Tage war er glücklich, am Ziel, ganz oben angekommen. Doch sein Chef war von Anfang an misstrauisch, ob er das schaffen würde, seine Abteilung stand nie wirklich hinter ihm. Nach einem dreiviertel Jahr wurde ihm schlecht, wenn er sonntags die Elbbrücken erreichte.

Vor vier Wochen bat man ihn in die Vorstandsetage. Er wusste, was kommen würde. Man hätte sich die Zusammenarbeit doch anders vorgestellt, man sähe keine Perspektive. Natürlich würde er noch sechs Monate das volle Gehalt bekommen, dann eine Abfindung, den A6 könnte er selbstverständlich so lange noch fahren. Nur die Firmenschlüssel sollte er schon einmal abgeben und das Büro räumen. Seit vier Wochen ist es schwer, die Tage in Hamburg rumzukriegen. Er hat schon jedes Museum gesehen, war in jedem Restaurant, kennt jeden Kran im Hafen. Freitag, spät abends, kommt er nach Hause. Er gibt seiner Frau einen Kuss, sie fragt: »Na, wie war's?«, und er sagt: »Ach, immer der gleiche Stress.« Nächsten Monat hat sie Geburtstag, sie ist stolz auf ihn, seine Tochter auch. Alle Freunde sind eingeladen, auf der Terrasse wollen sie feiern. Er kann es ihr nicht sagen, nicht jetzt. Er tut so, als sei er müde, setzt sich in seinen Sessel und hat nur den einen Wunsch: dass es niemals mehr Sonntagnachmittag würde.

Geschichte 2
Dreimal in der Woche ist sie in der Kirche. Meist frühmorgens. Dann ist sie allein in dem riesigen Gebäude. Sie zündet drei Kerzen an, eine für ihren Sohn, eine für ihren Mann und eine für sich selbst. Sie kniet vor dem Seitenaltar, faltet die Hände und betet. So, wie sie es gelernt hat: sie dankt und sie bittet. Für das Gute, das sie hatte, in ihrem langen Leben – Doch, sagt sie sich, die lange gemeinsame Zeit mit ihrem Mann war schon schön und sie ist wirklich mit ganzem Herzen dankbar dafür, auch wenn nun alles vorbei ist. Für ihren Sohn, dass er glücklich sein möge, dafür bittet sie.

Und könnte sie die Figur vor ihr auf dem Seitenaltar bestechen, dann würde sie alle Kerzen gleichzeitig anzünden. Sie weiß, das geht nicht; irgendwann als Kind hatte man ihr gesagt, dass man die Figur auf dem Seitenaltar nicht bestechen könne. Und dass man von ihr nichts fordern dürfe. Also dankt sie und bittet, wie sie es gelernt hat. Demut hatte man ihr vorgelebt, das Knien, das Händefalten, das Danken, das Bitten.

Dreimal die Woche, meist frühmorgens, ist sie demütig vor dieser Holzfigur, die schon ihr ganzes Leben lang mit schläfrigem Blick von oben auf sie herunterschaut. Und stumm geblieben ist, ihren Dank ebenso regungslos hingenommen hat wie ihre Bitten – all die Jahre. Wie gern würde sie dieses kleine Männchen auf dem Seitenaltar jetzt einfach anschreien, ihm nur ein einziges Wort entgegenschreien: »Warum?«

Geschichte 3

»Der Kongress in Heidelberg war wunderbar!«, erzählt sie ihrer Freundin beim Cocktail in der Happy Hour. Meyer aus Würzburg war auch da, und hat »Hallo« zu ihr gesagt. »Echt?«, fragt ihre Freundin. »Ja, Wahnsinn, nicht?«, erwidert sie.

In Heidelberg hat sie wieder gestrahlt, war der Sonnenschein auf dem Kongress. Wenn nur diese eine Frage nicht immer wäre: »Was macht denn Ihre Doktorarbeit? Geht's gut voran mit der Forschung?« Wie sehr hasst sie diese Frage! Und es sind immer dieselben, die das fragen, jedes Mal wieder, als ob sie sie foltern wollten. »Ja, klar, klappt wunderbar«, sagt sie dann immer und strahlt dabei.

Zwei Jahre hat sie noch, dann läuft ihr Vertrag als Assistentin aus. Assistentinnen strahlen immer, denkt sie. Und was kann sie sich freuen, wenn ein Student bewundernd auf ihr Türschild im Institut schaut oder auf der Institutshomepage ihre Seite anklickt. »Schon 1400 Klicks«, jubelt sie beim zweiten Cocktail.

Wenn der Versuch nicht bald funktioniert, wird's eng – das sagt sie nicht; und dann wird sie wohl gehen müssen. Ihre Professorin hatte so etwas angedeutet: Sie müsse langsam mal Ergebnisse vorstellen. Nicht, dass sie sie drängen wollte, aber die anderen im Institut hätten schon danach gefragt. Sie hat aber keine Ergebnisse. Nichts klappt. Sie sitzt im Labor und träumt von einer richtigen Familie, von einem richtigen Beruf, von einem richtigen Leben. Einfach mal morgens aufstehen und irgendwas Normales machen und abends in den Arm genommen werden.

Nächste Woche ist Kongress in Freiburg. Meyer aus Würzburg wird wohl auch da sein. »Das wird wunderbar!«, strahlt sie beim dritten Cocktail und ist diesen Moment lang einfach glücklich.

Aktion

An verschiedenen Orten der Kirche liegen Masken und stehen Spiegel. Die Masken sollen unterschiedliche Motive haben, z. B. Tiere, Stimmungen, Prominente, Berufe.

Die Gottesdienstbesucher und -besucherinnen haben Gelegenheit, verschiedene Masken auszuprobieren. Folgende Fragen werden in der Anmoderation der Aktion aufgenommen:

- Welche Maske passt zu mir?
- Wie verändert mich die Maske?
- Welche Maske trifft mein Gefühl?
- Welche Maske verändert mich besonders?
- Hinter welcher Maske kann ich mich besonders gut verstecken?

Den Besucherinnen und Besuchern stehen große Spiegel zur Verfügung, in denen sie sich ansehen können. Nach einer angemessenen Zeit ertönt ein Gong, und es werden – gleichsam rituell – die Masken abgenommen. – Wie ist das, wenn nach dem Verstecken wieder mein wahres Gesicht sichtbar wird?

Predigtgedanken (von Klaus Grünwaldt)
Wie waren die Erfahrungen mit den Masken? – Den Tieren, Stimmungen, den Fantasiemasken?

Manche verdecken mehr, manche weniger, manche lassen uns ganz verschwinden. Tut das gut?

Wo tragen wir Masken?

In den Anspielen waren Situationen zu sehen: im Beruf, in der Schule, auch zu Hause vor den Menschen, denen wir am vertrautesten sein sollen und denen wir am meisten vertrauen sollten. Vor Freundinnen und Freunden wollen wir cool wirken. Warum machen wir das? Manche Seiten zeigen wir nicht gern: unsere Schwächen, unsere Angst, unsere Aggressivität, Vorlieben, die nicht anerkannt sind.

Manchmal sind Masken gut: dann, wenn sie uns helfen, eine berechtige Rollenerwartung zu erfüllen. Zum Beispiel werden von Therapeutinnen, von Schiedsrichtern, von Pastoren mit Recht Dinge erwartet, die sie tun sollen. Darauf muss man sich verlassen können.

Allerdings: Was macht das mit uns, wenn wir Masken tragen? Verändert das unser Bild von uns selbst? Wissen wir, wenn wir Masken tragen, eigentlich noch, wer wir sind? Oder fragen wir (Titel des Gottesdienst): Mensch, wer bin ich?

Paulus schreibt im ersten Korintherbrief 13,12: »Wir sehen jetzt durch einen Spiegel in einem dunklen Bild; dann aber von Angesicht zu Angesicht. Jetzt erkenne ich stückweise; dann aber werde ich erkennen, gleichwie ich erkannt bin« (Lutherbibel 2017).

»Jetzt sehen wir nur ein undeutliches Bild wie in einem trüben Spiegel. Einmal werden wir von Angesicht zu Angesicht sehen. Jetzt erkenne ich Bruchstücke, aber einmal werde ich alles klar erkennen, so wie Gott mich heute schon genau kennt« (Hoffnung für Alle).

Paulus sagt: Mit unseren Masken wird auch das Bild, das wir von uns selbst haben, verzerrt (wie wenn man eine Alufolie – auf den Säulen der Kirche – als Spiegel nimmt). Klar sehen wir erst, wenn wir Gott hinter unsere Masken sehen lassen. Er sieht sowieso, aber er will, dass wir uns vor ihm öffnen – so wie in der Szene mit der Frau.

Was sieht er?

Er sieht unsere Stärken und freut sich darüber, wenn uns etwas gelingt.

Er sieht unsere ärgerlichen Verfehlungen und ärgert sich darüber, dass wir es uns so schwer machen.

Er sieht Ängste, Unsicherheit, Verletzlichkeit und spricht uns Mut zu – und zwar durch seine Liebe: Mut zum Neuanfang ohne Masken.

Diese Liebe verändert uns:
- Sie macht Mut, auch anderen mehr von mir zu zeigen.
- Sie lässt mich andere mit Augen der Liebe sehen und sie nicht fertig machen, sondern ihnen Mut zusprechen.

Auch andere nehmen mich jetzt anders wahr: authentischer, selbstbewusster. Manchmal bin ich Maskenträger, Rollenspieler – manchmal auch ganz gern. Als geliebtes Kind Gottes darf ich aufrecht gehen, Masken absetzen und auch andere ermutigen, Gesicht zu zeigen. – Christen zeigen Gesicht.

Gebetsaktion
Einleitung
Wir laden euch nun ein, aus den Gedanken, die euch in diesem Gottesdienst bewegt haben, ein Gebet zu formulieren. Wir haben an zwei Stellen in unserer Kirche Gebetstische aufgestellt. Wenn ihr ein Lob oder einen Dank sagen möchtet, dann könnt ihr ein Teelicht dazu anzünden und es auf dem einen Tisch abstellen. Wenn ihr eine Klage oder eine Bitte an Gott richten möchtet, dann findet ihr bei dem anderen Tisch Steine, die ihr mit eurem Gebet ablegen könnt. Mitarbeitende werden von jedem Tisch einige Gebetskarten

auswählen und diese stellvertretend für uns alle ins Gebet vor unseren Gott nehmen.

Rahmung
> Gott, Du siehst mich, wie ich bin.
> Ich darf alle Masken ablegen.
> Ich darf Dir alles sagen, alles, wofür ich danken will,
> alles, was mir Angst macht, was mich traurig macht:
> *Aktion*
> Und was ich nicht in Worte bringen kann,
> lege ich vor Dich in den Worten,
> die Jesus Christus uns gelehrt hat.
> *Vaterunser*

Handfeste Lösung – Aggression und Gewalt

Tab. 7: Möglicher Gottesdienstablauf

Eingang	Vorspiel, Anmoderation
	Eingangsgebet
	Lied: Freunde, dass der Mandelzweig (T: Schalom Benchorin/M: Fritz Baltruweit; z. B. in: EG Ausgabe Niedersachsen/Bremen 620)
Mitte	Anspiele
	Lied: Halte zu mir, guter Gott (T: Rolf Krenzer/M: Ludger Edelkötter, z. B. in: EG Ausgabe Bayern/Thüringen 641)
	Aktionen
	Lied: Die Gott lieben, werden sein wie die Sonne (T/M: Peter Strauch, z. B. in: Singt mit uns, Neuhausen/Stuttgart 1987)
	Predigt
	Lied: Ich möcht', dass einer mit mir geht (T/M: Hanns Köbler, EG 209)
Ausgang	Abkündigungen
	Gebetsaktion
	Vaterunser
	Lied: Sei behütet auf deinen Wegen (T/M: Clemens Bittlinger, z. B. in: Alive, München 2008)
	Segen und Liedstrophe: Sei behütet auf deinen Wegen

Die liturgisch-spirituelle Dimension

Anspiele

1. Auf dem Bahnsteig
Vier Personen sitzen in einer Reihe (je zu zweit), mit dem Gesicht zu den Zuschauerinnen und Zuschauern, jeweils eine aufgeschlagene Boulevardzeitung auf ihren Knien. Im Laufe der Szene heben sie die Zeitung beim Lesen langsam an, sodass zum Schluss ihre Gesichter hinter den Zeitungen verborgen sind. Eine Person (Opfer) kommt von der linken Seite, drei Personen (Angreifer) kommen von der rechten Seite und versperren ihr den weiteren Weg.

MITTLERER ANGREIFER: Na, du schwule Sau! Wo willst du hin?
OPFER: Hey, bitte, lass mich durch. Ich muss zur Arbeit.
MITTLERER ANGREIFER: Lüg mich nicht an! Wer gibt einer schwulen Sau wie dir Arbeit?
OPFER: Doch, ehrlich, ich brauch den Job.
MITTLERER ANGREIFER: Leute, irre ich mich? Oder lügt der Schwuli?
RECHTER ANGEIFER: Mann, der lügt.
LINKER ANGREIFER: Ja, Mann, die Sau lügt.
MITTLERER ANGREIFER: Okay, Schwuli, du musst zur Arbeit. Sollst du, sollst du! Aber nichts auf der Welt ist umsonst. Geh zu deiner Arbeit. Kostet dich nur 50 Euro.
OPFER: Ich hab kein Geld. Glaub mir doch. Ich hab nur noch die 8 Euro für die Bahn. Ich brauche die. Ich muss zur Arbeit, sonst bin ich den Job los.
MITTLERER ANGREIFER: Scheiße, Schwuli, du bist arm dran. Wir verstehen das. Du darfst zu deiner Arbeit. Aber damit du das niemals vergisst: Nichts auf der Welt ist umsonst!

Mittler Argreifer fasst dem Opfer mit beiden Händen auf die Schultern und stößt sein rechtes Knie in dessen Magen. Das Opfer fällt langsam auf die Knie, dann zu Boden. Rechter und linker Angreifer treten einmal kräftig nach dem Opfer. Dann gehen die drei Angreifer weiter.

MITTLERER ANGREIFER: Echt eine arme Sau, dieser Schwuli.
RECHTER ANGREIFER: Ja, Mann, der ist echt arm dran.

2. Am Frühstückstisch
Mann und Frau sitzen sich beim Frühstück gegenüber. Er liest Zeitung.

FRAU: Du, weißt du was?
MANN: Hmm …
FRAU: Weißt du, was ich gestern gelesen habe bei meiner Homöopathin? Man kann eine Heilpraktikerausbildung machen, von zu Hause aus. Das dauert eineinhalb Jahre und dann bekommt man ein Zertifikat.
MANN: Und?
FRAU: Ich könnte mich selbstständig machen! Du weißt doch, dass ich mich da richtig gut auskenne. Und das würde uns doch auch noch richtig Geld bringen.
MANN: Vergiss es.
FRAU: Aber ich wäre da bestimmt gut …
MANN: Du hast noch nie irgendwas hingekriegt.
FRAU: Aber das wäre doch eine richtige Chance für mich …
MANN: Du kannst das nicht. Vergiss es.
LANGE PAUSE
FRAU: Du, weißt du was? *(erneute Pause)* Ich hab eigentlich noch nie gern mit dir geschlafen.

3. In der Kirche
Drei Frauen sitzen vor Beginn des Gottesdienstes nebeneinander in der Kirchenbank. In ihren Händen halten sie Gesangbücher.

ERSTE FRAU: Wer macht heute eigentlich den Gottesdienst?
ZWEITE FRAU: Unsere Pastorin.
DRITTE FRAU: Haben Sie eigentlich ihren Mann in letzter Zeit mal gesehen?
ERSTE FRAU: Der ist viel auf Reisen, soviel ich weiß. Der ist Chemiker oder Physiker oder so was.
ZWEITE FRAU: Freitag war sie mit einem ziemlich jungen Mann im Eiscafé. Mein Mann und ich waren auf dem Markt. Wir dachten, wir sehen nicht richtig …
ERSTE FRAU: Aber wieso denn? Unsere Pastorin kann doch machen, was sie will.

Die liturgisch-spirituelle Dimension

ZWEITE FRAU: So? Finden Sie? Mein Mann hat sie gestern Abend gesehen. Wir können ja vom Schlafzimmer aus die Eingangstür vom Pfarrhaus sehen. Und wissen Sie was? Da kam genau der junge Mann gestern Abend um 10 (!) zu Besuch. Um 10! Das müssen Sie sich mal vorstellen. Und mein Mann hat nicht gesehen, wann der wieder gegangen ist. Oder ob überhaupt. Wir sind halt um halb 1 ins Bett. Und bis dahin war der noch im Pfarrhaus!

DRITTE FRAU: Ob man da mal was machen sollte?

ZWEITE FRAU: Mein Mann sagt, er wird ihrem Chef mal eine E-Mail schreiben. Er sagt, das geht ja auch anonym.

DRITTE FRAU: Das soll er mal machen! Man muss die Frau ja schützen – sie ist schließlich unsere Pastorin!

Orgelvorspiel setzt ein.

Aktionen

Drei Stationen sind vorbereitet.

1. Station
Ein Punchingball/Boxsack ist in der Kirche aufgehängt, Boxhandschuhe liegen bereit – es darf geboxt werden.

2. Station
In einem angrenzenden Raum werden Bilder aus dem Internet gezeigt, auf denen Gewaltszenen zu sehen sind.

3. Station
Auf einem Tisch liegen Zeitschriften, Scheren und Klebstoff. Die Besucherinnen und Besucher können eine Collage zum Thema »Gewalt« erstellen.

Predigtgedanken (von Klaus Grünwaldt)

Wir sind doch alle gegen Gewalt, nicht wahr? Also kann es eine kurze Predigt werden. Prima!

Aber: Alle Menschen haben Aggressionen in sich. Das ist normal. Darum machen das Hämmern und das Boxen auch so viel

Spaß, darum sind Gewaltvideos faszinierend, darum brüllen wir auch gern mal (Bezug auf die Aktionen zum Mitmachen). Außerdem folgen wir auch dem Herdentrieb, machen mit oder schauen weg.

Was ist Gewalt? Wo fängt sie an, wo hört sie auf? Manche der Formen haben wir bei den Anspielen oder den Aktionen kennengelernt. Es gibt körperliche und seelische Gewalt, Gewalt gegen Personen und gegen Sachen. Gewalt gehört zur Natur, zum Beispiel zur Tierwelt oder auch zu unseren Vorfahren. Darum sollten wir auch die Natur nicht verherrlichen, sondern uns über die kulturelle Errungenschaft der Gewalteindämmung freuen.

Und manchmal ist es leider so, dass nur noch handfeste Lösungen funktionieren. Manchen kriminellen Phänomenen kann scheinbar nur mit Gegengewalt begegnet werden. Darum ist es sinnvoll, dass der Staat ein Gewaltmonopol hat, um seine Bürger zu schützen.

Als Christinnen und Christen bemühen wir uns, ohne Gewalt auszukommen. Sicher, auch Gott übt Gewalt aus, wirft etwa die Ägypter, die die Israeliten verfolgen, ins Meer (2. Mose 13–14). Und Jesus wirft einen Tisch im Tempel um (Mk 11,15–17 und die jeweiligen Parallelstellen). Aber das ist nicht das Zentrum seiner Botschaft. Vielmehr lehrt er, die andere Backe hinzuhalten, wenn auf die eine geschlagen wird (Mt 5,39). Und er lehrt, dass, wer zum Schwert greift, dadurch umkommen wird (Mt 26,52).

Bei seinem Tod am Kreuz nimmt Jesus als ein Unschuldiger Gewalt auf sich, auch um die Sinnlosigkeit von Gewalt sichtbar zu machen.

Er nimmt uns Christinnen und Christen in die Verantwortung, die Spirale der Gewalt zu durchbrechen und die Liebe zum Kennzeichen der christlichen Gemeinde zu machen. Ich wünsche uns, dass wir diese Aufgabe freudig annehmen.

Die liturgisch-spirituelle Dimension 113

Gehalten und geborgen – Trauer

Tab. 8: Möglicher Gottesdienstablauf

Eingang	Vorspiel, Anmoderation
	Eingangsgebet
	Lied: Wer macht uns Hoffnung (T: Thomas Laubach/ M: Pekka Simojoki, z. B. in: Lebensweisen 23)
Mitte	Statt eines Anspiels: Bewegung, Tanz zu Instrumentalmusik
	Lied: Meine engen Grenzen (T: Eugen Eckert/M: Winfried Heurich, z. B. in: Lebensweisen 21)
	Aktionen
	Lied: Aus erster Hand (T/M: Fritz Baltruweit, in: Leben aus erster Hand, Düsseldorf 2005)
	Predigt
	Lied: Du bist meine Zuflucht (T/M: aus Brasilien; dt. Übertragung: Dorival Ristoff/Friedrich Karl Barth/ Eckart Bücken, z. B. in: Lebensweisen 56)
Ausgang	Abkündigungen
	Gebetsaktion
	Vaterunser
	Lied: Sei behütet auf deinen Wegen (T/M: Clemens Bittlinger, z. B. in: Alive, München 2008)
	Segen und Liedstrophe: Sei behütet auf deinen Wegen

Aktionen

Fünf Stationen erwarten die Gottesdienstbesucher und -besucherinnen. Sie sollten die Stationen in der folgenden Reihenfolge aufsuchen.

1. Station – Tränen

Die Gottesdienstbesucher und -besucherinnen finden auf einem dunkelblauen Tuch eine Glasschale mit Wasser. Kleine ovale Glastropfen liegen um die Schale herum. Diese Glastränen können sie in das Wasser legen (vgl. Sir 7,34: »Trauere mit den Trauernden« oder Röm 12,15: »Weint mit den Weinenden«).

2. Station – Erinnerungen

Auf bunte Tonkartonquadrate schreiben die Gottesdienstbesucher und -besucherinnen eine Erinnerung an die gemeinsame Zeit mit der verstorbenen Person. In einem Rahmen auf dem Boden legen sie mit den Quadraten ein Mosaik der Erinnerungen.

3. Station – Wünsche
Die Gottesdienstbesucher und -besucherinnen schreiben auf lange bunte Bänder, welche Wünsche sie für sich selbst haben, worauf sie hoffen. Sie bringen die Bänder zu einer Mitarbeiterin oder einem Mitarbeiter, der sie in die Äste eines Baumes vor der Kirche hängt.

4. Station – Wegbegleiter
Kleine Naturholzscheiben liegen bereit. Die Gottesdienstbesucher und -besucherinnen können sie mit Allesfarben und Pinseln farbig gestalten. Sie können auf der einen Seite der Holzscheibe ihre gegenwärtige Trauer mit einer Farbe darstellen, auf der anderen Seite das Gefühl, das sie sich für die Zukunft wünschen. Die Holzscheiben haben ein Loch und können an Leder- oder Baumwollbändern als Anhänger getragen werden.

5. Station – Gesegnet werden
Gottesdienstbesucher und -besucherinnen, die es wünschen, werden einzeln gesegnet.

Über Mauern springen – Ermutigung

Tab. 9: Möglicher Gottesdienstablauf

Eingang	Vorspiel, Anmoderation
	Eingangsgebet
	Lied: Schenk uns Zeit (T: R. Krenzer/M: R. Confucio, LebensWeisen 1)
Mitte	Anspiel
	Lied: Laleluja (T: E. van Arens/M: P. Mikolasch, Popkantor Songbook, Hannover 2015, 18; www.popkantor.tv)
	Aktionen
	Lied: Da wohnt ein Sehnen (T: E. Eckert/M: A. Quigley; LebensWeisen 19)
	Predigt
	Lied: Du bist da (T: J. von Lingen/M: G.-P. Münden, LebensWeisen 53)

Die liturgisch-spirituelle Dimension   115

Ausgang	Abkündigungen
	Gebetsaktion
	Vaterunser
	Lied: Sei behütet auf deinen Wegen (T/M: Clemens Bittlinger, z. B. in: Alive, München 2008)
	Segen und Liedstrophe: Sei behütet auf deinen Wegen

Anspiel
Psalm 18 (Luther 2017, in Auszügen mit Kehrvers) und Kurzgeschichten werden im Wechsel gelesen.

3 HERR, mein Fels, meine Burg, mein Erretter;
mein Gott, mein Hort, auf den ich traue,
mein Schild und Horn meines Heils und mein Schutz!
30b Denn [...] mit meinem Gott kann ich über Mauern springen.

Sina ist sauer. Ihr Vater ist gestorben – auf der A2. Er konnte nichts dafür. Vier Wochen ist das jetzt her. Warum sie sauer ist, weiß sie gar nicht. Vielleicht einfach, weil er jetzt weg ist, weil sie ihm nichts mehr erzählen kann, weil sie nichts mehr zusammen machen können, weil ihre Mutter jeden Tag weint. Eigentlich fühlt sich Sina wie gelähmt. Und todmüde. Und genervt von dem mitleidigen Getue ihrer Lehrerinnen und Lehrer und der Nachbarn. Und ratlos: »Wie soll das jetzt bloß weitergehen?«

5 Es umfingen mich des Todes Bande,
und die Fluten des Verderbens erschreckten mich.
6 Des Todesreiches Bande umfingen mich,
und des Todes Stricke überwältigten mich.
7 Als mir angst war, rief ich den Herrn an
und schrie zu meinem Gott.
Da erhörte er meine Stimme von seinem Tempel,
und mein Schreien kam vor ihn zu seinen Ohren.
30b Denn [...] mit meinem Gott kann ich über Mauern springen.

17 Er streckte seine Hand aus von der Höhe und fasste mich
und zog mich aus großen Wassern.

20 Er führte mich hinaus ins Weite,
er riss mich heraus; denn er hatte Lust zu mir.
30b Denn […] mit meinem Gott kann ich über Mauern springen.

Es war klar, dass er irgendwann glaubte, was sie ihm immer wieder sagten: »Du kannst das nicht.« Felix heißt »der Glückliche«, »der Erfolgreiche«. Mit diesem Namen läuft er nun schon 17 Jahre lang herum. Absagen hat er bekommen. Auf jede seiner Bewerbungen – und manchmal nicht einmal eine Absage. Felix hat sich in seiner Erfolglosigkeit eingerichtet.

Er erschrak, als er vor zwei Wochen die Einladung zum Bewerbungsgespräch las. Doch er erschrak nur kurz: »Das wird nichts! Keine Chance!« – Oder vielleicht doch? Dieses eine Mal? Für gestern Abend hatte Felix sich Computerverbot erteilt. Er stellte den Radiowecker auf 6 Uhr, ging früh schlafen. Mit Nachrichten wird er geweckt. Aber nur kurz: Er schaltet das Radio aus und zieht sich die Decke über den Kopf.

29 Ja, du machst hell meine Leuchte,
der HERR, mein Gott macht meine Finsternis licht.
30 Denn mit dir kann ich Kriegsvolk zerschlagen
und mit meinem Gott über Mauern springen.

31b Er ist ein Schild allen, die ihm vertrauen.
32 Denn wo ist ein Gott außer dem HERRN
oder ein Fels außer unserm Gott?
30b Denn […] mit meinem Gott kann ich über Mauern springen.

Anna und Martin sind verheiratet – auf dem Papier. Klar gab's da glückliche Zeiten. Und wie! Jetzt hat Anna aufgegeben. Jeder Streit ist sinnlos geworden. Sie kann die unsichtbare Wand sehen, die zwischen ihnen steht. Da geht nichts durch. Die Kraft ist weg. Sie kämpft nicht mehr. Nicht um ihn, nicht um das, was mal Liebe war, nicht um Zukunft.

Wenn er von der Arbeit nach Hause kommt, fragt er: »Na, wie war's heute?« Und sie antwortet: »Gut.« Sie essen zusammen, dann sehen sie fern. Irgendwann sagt sie: »Ich geh' schlafen.« Und er: »Schlaf gut.« Und sie: »Du auch.« Anna hat aufgegeben.

Die liturgisch-spirituelle Dimension 117

33 Gott rüstet mich mit Kraft
und macht meinen Weg ohne Tadel.
35 Er lehrt meine Hände streiten
und meinen Arm den ehernen Bogen spannen.
36 Du gibst mir den Schild deines Heils,
und deine Rechte stärkt mich,
und deine Huld macht mich groß.

30b Mit meinem Gott kann ich über Mauern springen.
37 Du gibst meinen Schritten weiten Raum,
dass meine Knöchel nicht wanken.
47 Der HERR lebt! Gelobt sei mein Fels!
Der Gott meines Heils sei hoch erhoben.
50 Darum will ich dir danken, HERR, unter den Völkern
und deinem Namen lobsingen.
30b Denn […] mit meinem Gott kann ich über Mauern springen.

Aktionen

»Was mir den Mut nimmt«
Fotos, die einen Ausschnitt einer Mauer zeigen, sind an einer Wand angebracht. Die Gottesdienstbesucher und -besucherinnen können ein Foto auswählen und darauf notieren, was ihnen den Mut nimmt.

»Was mir Mut macht«
An einer anderen Wand sind bunte Karten mit Bibelworten zu einer »Mut-Mach-Mauer« zusammengestellt. Jeder Gottesdienstbesucher und jede Gottesdienstbesucherin darf sich eine Karte aus der »Mauer« nehmen.

»Ich kann über Mauern springen«
Im Altarraum ist eine Mauer aus Papphockern (z. B. Kirchentagskartons) aufgebaut. Die Gottesdienstbesucher und -besucherinnen werden eingeladen, über diese Mauer zu springen. Zwei Mitarbeitende geben Hilfestellung. (Wo die Möglichkeit besteht, kann diese Aktion auch als Sprung von einem Trampolin durchgeführt werden; ein Mitarbeiter oder eine Mitarbeiterin muss dann einen »Trampolinschein« besitzen!)

Gesegnet werden
Gottesdienstbesucher und -besucherinnen, die es wünschen, werden einzeln gesegnet.

Predigtgedanken (von Klaus Grünwaldt)
Puh! Die kurzen Geschichten eben gehen an die Nieren. Sind die nicht etwas zu dick aufgetragen? Nein, ich weiß, dass es solche Zeiten im Leben gibt, wo man unten ist – sogar ganz unten. Für manche gehen sie schnell vorbei, für andere dauern sie lange an.

Und: Für mache dauern sie ewig. Wo dies eine Krankheit ist – z. B. eine Depression – da ist es lebensgefährlich. Ich erinnere nur an Robert Enke, den Torwart von Hannover 96, und seinen Suizid in 2009.

Aber dieses Eingemauertsein kann andere Gründe haben: Schwere Erlebnisse, die ich nicht verarbeiten kann, Verlust eines Menschen durch Tod oder durch Scheidung – die eigene oder die der Eltern. Das ist fast wie ein Tod.

Freundschaften zerbrechen: Die allerbeste Freundin lässt mich im Stich, verrät mich. Tolle Nachbarn sind auf einmal komisch – was ist da los? Freunde ziehen weg. Ich bin allein.

Hoffnungen werden enttäuscht: Der neue Traumjob wird zum Albtraum – nicht zu schaffen in 40 Stunden, keine Anerkennung, gegen mich verschworene Kolleginnen, Mobbing.

Erschöpfung und Burnout sind immer weiter verbreitet. Ein Forscher (Stephan Grünewald) nennt uns »die erschöpfte Gesellschaft«.

Und dann sind es oft Ängste, die mich einmauern: Die Angst, gesellschaftlich abzusteigen, die Angst, den Ansprüchen anderer nicht zu genügen, die Angst, den eigenen Ansprüchen nicht zu genügen.

Die Angst zu verlieren: Menschen, den Job, das Haus, Angst vor Krieg, vor Verbrechen, vor Katastrophen. Angst vor Krankheit, Alter, Schmerzen, Tod.

Sind das begründete Ängste? Vielleicht. Sie sind nicht von der Hand zu weisen.

Wir sind eine Gesellschaft der Angst, sagte kürzlich ein anderer kluger Gesellschaftserforscher (Heinz Bude). Und nichts mauert uns so sehr ein wie unsere Ängste, fesselt uns, lähmt uns.

Wie kommen wir da heraus? Aus manchen Tiefs schaffen wir das vielleicht selbst. Manchen hilft es, wenn sie sich eine Situation sachlich-nüchtern vor Augen führen, abwägen und dann sagen: »Ist nicht so schlimm.« Oder sie treffen ganz einfach Vorsorge– zum Beispiel gegen Einbrecher mit sicheren Fenstern, Türen oder einer Alarmanlage. Gegen Schweigen in der Ehe – wie im Anspiel – kann eine gute Beratung helfen. Manche sind so gestrickt, dass sie ein dickes Fell haben, nicht so viel an sich heranlassen. Aber nicht alle. Leider nicht alle? Zum Glück nicht alle?

Andere wiederum lenken sich ab: mit Shoppen – Konsum, mit Feiern, mit Arbeit oder Schokolade – und noch schlimmer: Alkohol und Drogen. Das sind Verdrängungsmechanismen, Aufputschmittel gegen Burnout, damit man wieder springen kann.

Aber das funktioniert nicht immer. Irgendwann melden sich die Frustrationen, die Enttäuschungen, die Zweifel und die Ängste wieder.

Mit meinem Gott überspringe ich Mauern.
Die Bibel sagt: Gott hilft dir, da herauszukommen – mit einem ganz einfachen und doch unendlich schweren Gedanken: Alles Leid der Welt kann das, was dich in deinem Innersten ausmacht, den Kern deiner Person, nicht treffen.

Am Beispiel der Angst: Da habe ich noch ein Bibelzitat von Christus: »In der Welt habt ihr Angst; aber seid getrost, ich habe die Welt überwunden.« (Joh 16,33) Jesus ist über die höchste Mauer gesprungen, die es gibt: die Mauer des Todes.

Auch wenn alle unsere Ängste wahr werden sollten: Wenn wir glauben, dann kriegen sie unsere Seele nicht klein.

Einige Erfahrungen:
Ich wollte eigentlich etwas anderes machen, aber das hat nicht geklappt. Da war ich total enttäuscht. Dann habe ich durch Freunde Gottes Ruf ins Theologiestudium gehört – und über eine Mauer springen können.

Als Jugendlicher dachte ich: Wenn ich schwerhörig werde, halte ich mein Leben nicht mehr aus. Denn ich liebe Musik fast über alles. Nur Gott und meine Familie liebe ich mehr. Und jetzt: seit zehn Jahren bin ich schwerhörig. Und es gibt Augenblicke, da lache ich, springe ich.

Und ich war krank, ziemlich krank. Es war unsicher, wie das ausgeht. Und ich dachte – ungelogen – ich habe ein tolles Leben gehabt. Danke, Gott. Das hat mich damals selbst überrascht, diese Dankbarkeit und Gelassenheit. Ich bin inzwischen wieder gesund – so gut es nach der Krankheit geht. Und ich lebe gerne. Und springe. Ich habe wirklich erlebt, wie mein Glaube mir hilft – über eine hohe Mauer.

In dir ist etwas, das von Gott gehalten und behütet ist. Da kommt keine Angst, kein Mobbing, keine Krankheit ran.

Dir sagt einer: »Du schaffst das nicht.« Und du antwortest: »Gott hilft mir. Klar schaff ich das.« Und selbst wenn du das dann doch nicht schaffst, wenn du enttäuscht bist: Gott gibt dir die Kraft, wieder aufzustehen. Wirklich!

Glauben heißt, bedingungslos dem Urteil Gottes zu vertrauen – nicht dem Niedermachen durch andere Menschen – und ganz auf ihn zu setzen, wenn Gott sagt: »Du bist mein über alles geliebtes Kind. Ich halte dich, ich lasse dich nicht los. Nicht im Leben und nicht im Sterben.«

Das Schwere, das wir erleben, ist verletzend, ängstigend, niederdrückend. Ich darf das nicht verharmlosen. Aber gegen diese Zuversicht, die aus dem Glauben kommt, kommen weder Mobbing, noch Krankheit, Angst oder Enttäuschung an.

Und nicht einmal der Tod. Denn wenn der Tod das letzte Wort hätte, würden am Ende die Terroristen und Folterknechte recht behalten – und das kann und darf doch nicht sein!

Und darum springe ich mit Gott über Mauern.

Ausblick: Ein Wunschzettel für die Jugendseelsorge vor Ort

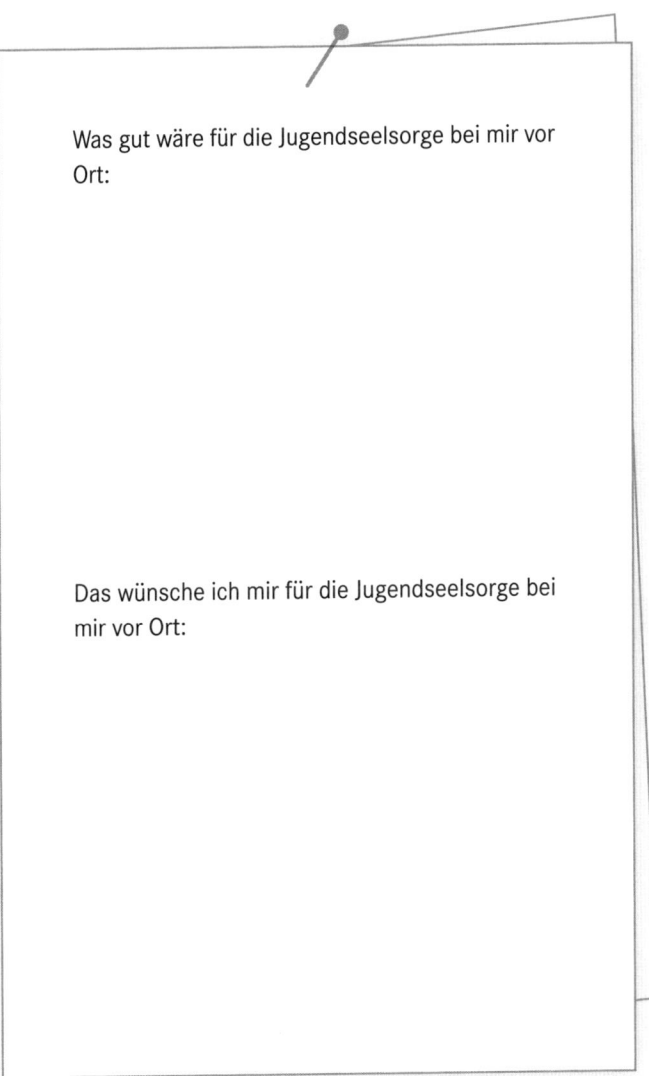

Was gut wäre für die Jugendseelsorge bei mir vor Ort:

Das wünsche ich mir für die Jugendseelsorge bei mir vor Ort:

Anhang: Das Seelsorgegeheimnisgesetz

Das *Kirchengesetz zum Schutz des Seelsorgegeheimnisses* stellt auch für die Jugendseelsorge den rechtlichen Rahmen dar. Allerdings stellt es nur seelsorgliche Einzelgespräche mit Jugendlichen unter den besonderen Schutz des Beicht- und Seelsorgegeheimnisses. Für seelsorgliche Aufgaben in der Jugendarbeit im Sinne eines weiten Seelsorgeverständnisses gilt nur ein allgemeiner Schutz des Seelsorgegeheimnisses durch die Verschwiegenheitspflicht der hauptberuflich mit Jugendlichen Arbeitenden. Für kirchliche Mitarbeiterinnen und Mitarbeiter gilt: »Pastorinnen [und Pastoren] sind qua Ordination Seelsorgerinnen [und Seelsorger], Diakone [und Diakoninnen] qua Beauftragung.«[146]

Eine Seelsorgebeauftragung von Gemeindepädagoginnen und Gemeindepädagogen sowie Diakoninnen und Diakonen kann durch den jeweiligen Anstellungsträger ausgesprochen werden, wenn eine dem Auftrag entsprechende Aus-, Fort- und Weiterbildung absolviert und die persönliche und fachliche Eignung sowie der Bedarf im Arbeitsfeld festgestellt wurde.

Hier folgt der vollständige Gesetzestext.

---

146 Burbach 2003, 42.

Kirchengesetz zum Schutz des Seelsorgegeheimnisses (Seelsorgegeheimnisgesetz – SeelGG) vom 28. Oktober 2009[147]

Die Synode der Evangelischen Kirche in Deutschland hat mit Zustimmung der Kirchenkonferenz aufgrund des Artikels 10 Absatz 1 und des Artikels 10 a Absatz 2 der Grundordnung der Evangelischen Kirche in Deutschland das folgende Kirchengesetz beschlossen:

I. Grundsätze
§ 1
Regelungsbereich

Dieses Kirchengesetz dient dem Schutz der in der Evangelischen Kirche in Deutschland, deren Gliedkirchen sowie den gliedkirchlichen Zusammenschlüssen ausgeübten Seelsorge. Dieses Kirchengesetz soll damit auch zur Klärung des Begriffs der Seelsorge im staatlichen Recht beitragen, insbesondere in den Prozessordnungen und im Recht der Gefahrenabwehr.

§ 2
Schutz des Seelsorgegeheimnisses

(1) Seelsorge im Sinne dieses Gesetzes ist aus dem christlichen Glauben motivierte und im Bewusstsein der Gegenwart Gottes vollzogene Zuwendung. Sie gilt dem einzelnen Menschen, der Rat, Beistand und Trost in Lebens- und Glaubensfragen in Anspruch nimmt, unabhängig von dessen Religions- bzw. Konfessionszugehörigkeit. Seelsorge ist für diejenigen, die sie in Anspruch nehmen, unentgeltlich.

(2) Die förmliche Beichte gilt als Seelsorge im Sinne des Absatzes 1.

(3) Unbeschadet des Auftrags aller Getauften, Seelsorge zu üben, betraut die Kirche einzelne Personen mit einem besonderen Auftrag zur Seelsorge.

---

147 www.ekd.de/ekd_de/ds_doc/008_beschluss_seelsorgegesetz_endfassung. pdf (Zugriff am 27. Juli 2017).

(4) Jede Person, die sich in einem Seelsorgegespräch einer Seelsorgerin oder einem Seelsorger anvertraut, muss darauf vertrauen können, dass daraus ohne ihren Willen keine Inhalte Dritten bekannt werden. Das Beichtgeheimnis ist unverbrüchlich zu wahren.

(5) Das Seelsorgegeheimnis steht unter dem Schutz der Kirche. Es zu wahren, ist Pflicht aller Getauften und aller kirchlichen Stellen. Für kirchliche Mitarbeitende gehört es zu den dienstlichen Pflichten. Das Nähere regeln die Evangelische Kirche in Deutschland, die Gliedkirchen und die gliedkirchlichen Zusammenschlüsse je für ihren Bereich.

II. Der Dienst in der Seelsorge
§ 3
Besonderer Auftrag zur Seelsorge
(1) Besonders mit der Seelsorge beauftragt sind ordinierte Pfarrerinnen und Pfarrer. Die Ordination sowie der Dienst der Pfarrerinnen und Pfarrer richtet sich nach den gesetzlichen Bestimmungen des Pfarrdienstrechtes der Evangelischen Kirche in Deutschland, der Gliedkirchen und der gliedkirchlichen Zusammenschlüsse.

(2) Weitere Personen können von der Evangelischen Kirche in Deutschland, den Gliedkirchen und den gliedkirchlichen Zusammenschlüssen nach deren jeweiliger Ordnung und nach Maßgabe dieses Gesetzes zur ehren-, neben- oder hauptamtlichen Wahrnehmung einen bestimmten Seelsorgeauftrag erhalten.

§ 4
Voraussetzungen für die Erteilung eines bestimmten Seelsorgeauftrags
(1) Einen bestimmten Seelsorgeauftrag nach § 3 Absatz 2 kann erhalten, wer
a. nach Maßgabe des § 5 eine Ausbildung für Personen mit einem bestimmten Seelsorgeauftrag erfolgreich abgeschlossen hat,
b. sich persönlich und fachlich als geeignet erweist und
c. die Gewähr dafür bietet, dass sie oder er das Seelsorgegeheimnis wahrt.

(2) Die Erteilung eines bestimmten Seelsorgeauftrags gemäß § 3 Absatz 2 bedarf der Schriftform.

(3) Personen, denen gemäß § 3 Absatz 2 ein bestimmter Seelsorgeauftrag erteilt wird, sind besonders auf das Seelsorgegeheimnis zu verpflichten. Diese Verpflichtung ist aktenkundig zu machen.

§ 5
Ausbildung

(1) Personen, denen gemäß § 3 Absatz 2 ein bestimmter Seelsorgeauftrag erteilt werden soll, sind in einer Ausbildung insbesondere zu befähigen, aus dem christlichen Glauben heraus andere Menschen zu unterstützen, zu begleiten, ihnen Lösungswege in seelischen Krisen aufzuzeigen und ihnen Trost und Hoffnung zu vermitteln.

(2) Die Evangelische Kirche in Deutschland, die Gliedkirchen und die gliedkirchlichen Zusammenschlüsse tragen dafür Sorge, dass die Ausbildung nach vergleichbaren Standards erfolgt. Die Ausbildung umfasst
a. theologische Grundlagen,
b. Grundlagen der Psychologie,
c. Fertigkeiten der Gesprächsführung,
d. rechtliche Grundlagen der Ausübung der Seelsorge.

(3) Das Nähere regeln die Evangelische Kirche in Deutschland, die Gliedkirchen und die gliedkirchlichen Zusammenschlüsse je für ihren Bereich.

§ 6
Wahrnehmung des bestimmten Seelsorgeauftrags

(1) Personen, denen gemäß § 3 Absatz 2 ein bestimmter Seelsorgeauftrag erteilt worden ist, sind in Ausübung dieses Dienstes unabhängig und im Einzelfall keinen Weisungen unterworfen. Sie sind zur uneingeschränkten Wahrung des Seelsorgegeheimnisses verpflichtet.

(2) Sie sind bei der Ausübung dieses Dienstes an Schrift und Bekenntnis sowie die kirchliche Ordnung gebunden.

(3) Sie unterliegen der Aufsicht einer von der Evangelischen Kirche in Deutschland, der jeweiligen Gliedkirche oder dem gliedkirchlichen Zusammenschluss bestimmten zuständigen Stelle. Das Seelsorgegeheimnis darf durch die Ausübung der Aufsicht nicht berührt werden.

§ 7
Schutz und Begleitung der Seelsorgerinnen und Seelsorger
(1) Seelsorgerinnen und Seelsorger stehen unabhängig von der Art ihres Auftrags oder ihres Dienstverhältnisses unter dem besonderen Schutz und der besonderen Fürsorge der Kirche.

(2) Die Evangelische Kirche in Deutschland, die Gliedkirchen und die gliedkirchlichen Zusammenschlüsse sorgen für eine angemessene Begleitung und Fortbildung der Seelsorgerinnen und Seelsorger.

§ 8
Widerruf des Seelsorgeauftrags
Der gemäß § 3 Absatz 2 erteilte Seelsorgeauftrag ist von der erteilenden Stelle zu widerrufen, wenn seine Voraussetzungen nicht vorliegen oder nachträglich entfallen oder wenn die Seelsorgerin oder der Seelsorger erheblich gegen ihr oder ihm obliegende Pflichten verstößt.

III. Äußerer Schutz des Seelsorgegeheimnisses
§ 9
Grundsatz
Bei der Seelsorge ist dafür Sorge zu tragen, dass die geführten Gespräche vertraulich sind und nicht von Dritten mitgehört werden können.

§ 10
Seelsorge in gewidmeten Räumen
Für die Wahrnehmung des Seelsorgeauftrags können besonders zu diesem Zweck Räume gewidmet werden. Deren Widmung richtet

sich nach den Vorschriften der Evangelischen Kirche in Deutschland, der Gliedkirchen und der gliedkirchlichen Zusammenschlüsse.

§ 11
Seelsorge mit technischen Kommunikationsmitteln
Soweit Seelsorge mit technischen Kommunikationsmitteln ausgeübt wird, haben die jeweilige kirchliche Dienststelle oder Einrichtung und die in der Seelsorge tätige Person dafür Sorge zu tragen, dass die Vertraulichkeit in höchstmöglichem Maß gewahrt bleibt.

§ 12
Umgang mit Seelsorgedaten
Beim Umgang mit Seelsorgedaten jeglicher Art ist sicherzustellen, dass kirchliche und staatliche Bestimmungen zum Schutz des Seelsorgegeheimnisses und die Anforderungen des kirchlichen Datenschutzrechts beachtet werden.

IV. Schlussvorschriften
§ 13
Übergangsregelung
Zur Zeit des Inkrafttretens dieses Gesetzes seinen Anforderungen entsprechend bereits erteilte bestimmte Seelsorgeaufträge bleiben bestehen. Personen, die zum Zeitpunkt des Inkrafttretens dieses Gesetzes in der Seelsorge tätig sind und die Eignung dazu anderweitig erworben haben, kann ein Seelsorgeauftrag gemäß § 3 Absatz 2 erteilt werden.

§ 14
Inkrafttreten, Außerkrafttreten
(1) Dieses Kirchengesetz tritt mit Wirkung für die Evangelische Kirche in Deutschland am 1. Januar 2010 in Kraft.

(2) Dieses Kirchengesetz tritt mit Wirkung für die jeweilige Gliedkirche oder den jeweiligen gliedkirchlichen Zusammenschluss in Kraft, nachdem diese oder dieser die Zustimmung erklärt hat. Die

Zustimmung ist jederzeit möglich. Den Zeitpunkt, zu dem dieses Kirchengesetz in den jeweiligen Gliedkirchen oder dem jeweiligen gliedkirchlichen Zusammenschluss in Kraft tritt, bestimmt der Rat der Evangelischen Kirche in Deutschland durch Verordnung.

(3) Die Gliedkirchen und gliedkirchlichen Zusammenschlüsse können dieses Kirchengesetz jederzeit je für ihren Bereich außer Kraft setzen. Der Rat der Evangelischen Kirche in Deutschland stellt durch Verordnung fest, dass und zu welchem Zeitpunkt das Kirchengesetz jeweils außer Kraft getreten ist.

Ulm, den 28. Oktober 2009
Die Präses der Synode
der Evangelischen Kirche in Deutschland
Katrin Göring-Eckardt

Literatur

Adler, Alfred (1930/1976): Kindererziehung, Frankfurt a. M.: Fischer.
Adler, Alfred (1931/1979): Wozu leben wir?, Frankfurt a. M.: Fischer.
Adler, Alfred (1927/2007): Menschenkenntnis, Alfred Adler Studienausgabe, Bd. 5, hg. von Jürg Rüedi, Göttingen: Vandenhoeck & Ruprecht.
Adler, Alfred (1933/2008): Der Sinn des Lebens, in: Alfred Adler Studienausgabe, Bd. 6, hg. von Reinhard Brunner (23–176), Göttingen: Vandenhoeck & Ruprecht.
Ansbacher, Heinz L./Ansbacher, Rowena R. (Hg.) (1982): Alfred Adlers Individualpsychologie. Eine systematische Darstellung seiner Lehre in Auszügen aus seinen Schriften, 3. Aufl., München/Basel: Reinhardt.
Antoch, Robert F. (1981): Von der Kommunikation zur Kooperation. Studien zur individualpsychologischen Theorie und Praxis, München/Basel: Reinhardt.
Antoch, Robert F. (1982): Ermutigung in Beratung und Therapie, in: Franzjosef Mohr (Hg.): Beiträge zur Individualpsychologie 2. I. Delmenhorster Fortbildungstage für Individualpsychologie 1980 (18–25), München/Basel, Reinhardt.
Baumann, Ulrike (2003): Seelsorgerliche Dimensionen im Religionsunterricht, in: Praxis Gemeindepädagogik 66 (2), 43–46.
Becker, Silke (2009): Grundlegende Überlegungen, in: Roland Biewald/Bärbel Husmann (Hg.): Frauen und Männer in der Bibel. Impulse für biografisches Lernen im Religionsunterricht, Themenhefte Religion 7, Leipzig, 9–18.
Bedford-Strohm, Heinrich/Jung, Volker (Hg.) (2015): Vernetzte Vielfalt. Kirche angesichts von Individualisierung und Säkularisierung. Die fünfte EKD-Erhebung über Kirchenmitgliedschaft, Gütersloh: Gütersloher.
Behrens, Lea-Kristina (2015): Wirkungsvolle Schulseelsorge. Schule. Kirche. Person, Kölner Studien zur Religionspädagogik 1, Münster: Lit.
Berg, Horst Klaus (1993): Grundriss der Bibeldidaktik. Konzepte – Modelle – Methoden, München/Stuttgart: Kösel/Calwer.
Biesinger, Albert/Höller, Simone/Stehle, Andreas (2011): Forschungsstand zur christlichen Erziehung in der Familie, in: Albert Biesinger/Anke Edelbrock/Friedrich Schweitzer (Hg.): Auf die Eltern kommt es an. Interreligiöse und interkulturelle Bildung in der Kita, Interreligiöse und interkulturelle Bildung im Kindesalter, Bd. 2 (17–28), Münster: Waxmann.
Borchard, Inga/Calmbach, Marc (2013): Brücken und Barrieren in die Evangelische Jugendarbeit. Eine qualitative Studie des SINUS-Instituts für die Evangelischen Kirchen Baden und Württemberg sowie für das Evangelische

Jugendwerk Württemberg und das Evangelische Kinder- und Jugendwerk Berlin, in: Hansjörg Kopp/Stefanie Hügin/Steffen Kaupp/Inga Borchard/Marc Calmbach (Hg.): Brücken und Barrieren. Jugendliche auf dem Weg in die Evangelische Jugendarbeit (13–214), Neukirchen-Vluyn, Neukirchener.

Brake, Anna (1996): Wertorientierungen und (Zukunfts-)Perspektiven von Kindern und jungen Jugendlichen. Über Selbstbilder und Weltsichten in Ost- und Westdeutschland, in: Büchner/Fuhs/Krüger 1996, 67–98.

Brandl, Gerhard (1981): Lebensstil im Unterricht. Das individualpsychologische Solidaritätsprinzip als Korrekturmodus, in: Erik Adam (Hg.): Die Österreichische Reformpädagogik 1918–1938. Symposiumsdokumentation, Beiträge zur Geschichte der Pädagogik 1 (173–191), Wien/Köln/Graz: Böhlau.

Büchner, Peter (1999): Vom Kind zum Jugendlichen. Anmerkungen zum Übergangsprozeß von der Kindheit in die Jugendphase aus der Sicht der Kindheitsforschung, in: Pastoraltheologie 88, 350–362.

Büchner, Peter/Fuhs, Burkhard/Krüger, Heinz-Hermann (Hg.) (1996): Vom Teddybär zum ersten Kuß. Wege aus der Kindheit in Ost- und Westdeutschland, Studien zur Jugendforschung 16, Opladen: Leske + Budrich.

Bühler, Charlotte (1922/1967): Kindheit und Jugend. Genese des Bewußtseins, 4. Aufl., Göttingen: Hogrefe.

Bühler, Charlotte (1929/1967): Das Seelenleben des Jugendlichen, 6. Aufl., Göttingen: Hogrefe.

Büttner, Gerhard (2009): Die seelsorgliche Dimension des Religionsunterrichts, in: Engemann 2009, 508–521.

Bultmann, Rudolf (1979): Die Geschichte der synoptischen Tradition, Forschungen zur Religion und Literatur des Alten und Neuen Testaments 12, 9. Aufl., Göttingen: Vandenhoeck & Ruprecht.

Burbach, Christiane (2003): Seelsorge in der gemeindepädagogischen Praxis. Anforderungen an Gemeindepädagoginnen und Religionspädagogen als Seelsorger, in: Praxis Gemeindepädagogik 66 (2), 40–42.

Calmbach, Marc/Borgstedt, Silke/Borchard, Inga/Thomas, Peter Martin/Flaig, Berthold Bodo (2016): Wie ticken Jugendliche? Lebenswelten Jugendlicher im Alter von 14 bis 17 Jahren in Deutschland, Wiesbaden: Springer.

Dibelius, Martin (1970): Die Formgeschichte des Evangeliums, 6. Aufl., Tübingen: Mohr.

Dietzsch, Andrea (2013): Evangelische Schulseelsorge. Impulse für Theorie und Praxis, Hamburg: Dr. Kovac.

Engemann, Wilfried (Hg.) (2009): Handbuch der Seelsorge. Grundlagen und Profile, 2. Aufl., Leipzig: Evangelische Verlangsanstalt.

Erikson, Erik H. (1970/2003): Jugend und Krise. Die Psychodynamik im sozialen Wandel, 5. Aufl., Stuttgart: Klett-Cotta.

Evangelisch-lutherische Landeskirche Hannovers (Hg.) (2016), Konfirmandenarbeit. Richtlinien für die Konfirmandenarbeit in der Evangelisch-lutherischen Landeskirche Hannovers, Hannover.

Feige, Andreas/Gennerich, Carsten (2008): Lebensorientierungen Jugendlicher. Alltagsethik, Moral und Religion in der Wahrnehmung von Berufsschülerinnen und -schülern in Deutschland, Münster: Waxmann.
Fend, Helmut (1990/1992): Vom Kind zum Jugendlichen. Der Übergang und seine Risiken, Entwicklungspsychologie in der Moderne I, Berlin/Stuttgart/Toronto: Huber.
Freud, Sigmund (1917/2001): Trauer und Melancholie, in: ders., Studienausgabe, hg. von Alexander Mitscherlich/Angela Richards/James Strachey, Bd. 3 (9. Aufl., 193–212), Frankfurt a. M.: Fischer.
Frick, Jürg (2007): Die Kraft der Ermutigung. Grundlagen und Beispiele zur Hilfe und Selbsthilfe, Bern: Huber.
Gennerich, Carsten (2010): Empirische Dogmatik des Jugendalters. Werte und Einstellungen Heranwachsender als Bezugsgrößen für religionsdidaktische Reflexion, Praktische Theologie heute 108, Stuttgart: Kohlhammer.
Gnilka, Joachim (1978): Das Evangelium nach Markus, 1. Teilband. Mk 1–8,26, Evangelisch-Katholischer Kommentar zum Neuen Testament II/1, Neukirchen–Vluyn: Neukirchener.
Grosse, Heinrich W. (1996): Die Tradierungskrise kirchengebundener Religiosität – Herausforderung und Chance für den Religionsunterricht, in: Kristian Fechtner/Lutz Friedrichs/Heinrich Grosse/Ingrid Lukatis/Susanne Natrup (Hg.): Religion wahrnehmen. Festschrift für Karl-Fritz Daiber zum 65. Geburtstag (257–266), Marburg: diagonal.
Grünwaldt, Klaus/Günther, Matthias (Hg.) (2011): Für die, die sonst nicht kommen. 10 Mitmachgottesdienste, Dienst am Wort 138, Göttingen: Vandenhoeck & Ruprecht.
Grünwaldt, Klaus/Günther, Matthias (Hg.) (2015/2016): Über Mauern springen. Ein Mitmachgottesdienst, in: Homiletische Monatshefte 91, 127–132.
Günther, Matthias (1996): Ermutigung. Die Individualpsychologie Alfred Adlers und die christliche Seelsorge, Frankfurt a. M.: Lang.
Günther, Matthias (1999): Die Heilung des Geraseners. Individualpsychologische Aspekte einer Wundergeschichte, in: Lebendige Seelsorge 50 (1), 52–56.
Günther, Matthias (2001a): Das Interesse eines Menschen am Mitmenschen. Lebensstilorientierter biblischer Unterricht in der Frühadoleszenz, in: Bernhard Dressler/Thomas Klie/Carsten Mork (Hg.): Konfirmandenunterricht. Didaktik und Inszenierung (207–220), Hannover: Lutherisches Verlagshaus.
Günther, Matthias (2001b): Interesse am Mitmenschen. Lebensstilorientierte Bibelerschließung im biblischen Unterricht, Frankfurt a. M.: Lang.
Günther, Matthias (2002): Der unsichtbare Steuermann – Lebensstilorientierung im biblischen Unterricht, in: Lebendige Katechese 24 (2), 132–135.
Günther, Matthias (2004): Einführung in die individualpsychologisch orientierte Bibeldidaktik. Grundlagen und Impulse für die Praxis, Frankfurt a. M.: Lang.
Günther, Matthias (2008a): Kain und Abel begegnen. Annäherungen an ein Geschwisterpaar. Eine Unterrichtsstunde für die BBS, in: Loccumer Pelikan 2008 (4), 172–177

Günther, Matthias (2008b): Menschen. Psychologische Impulse aus der Bibel, Biblisch-theologische Schwerpunkte 34, Göttingen: Vandenhoeck & Ruprecht.

Günther, Matthias (2009a): Ermutigung. Ein Versuch zur seelsorgerlichen Dimension religionspädagogischer Praxis in der Schule, in: Pastoraltheologie 98, 447–457.

Günther, Matthias (2009b): Petrus begegnen – Annäherungen an den Verleugner. Eine Doppelstunde im Fachgymnasium, in: Loccumer Pelikan 2009 (4), 180–186.

Günther, Matthias (2009c): Seelsorge mit jungen Menschen, Göttingen: Vandenhoeck & Ruprecht.

Günther, Matthias (2010): Ermutigung als seelsorgerliche Dimension schulischer und außerschulischer Religionspädagogik, in: Theo-Web. Zeitschrift für Religionspädagogik 9 (2), 100–109.

Günther, Matthias (2010/2011): Geheimnisse. Ein Mitmachgottesdienst, in: Homiletische Monatshefte 86, 553–557.

Günther, Matthias (2011a): »Des Erziehers ganzes Wesen muß Mut senden!« Die seelsorgliche Dimension der Religionspädagogik in der Schulpraxis und im Lehramtsstudium, in: Ulrich Becker (Hg.): Theologie im Kontext pluraler Lebensformen – Beiträge zum interdisziplinären Gespräch. Friedrich Johannsen zum 65. Geburtstag (133–141), Stuttgart/Berlin/Köln: Kohlhammer.

Günther, Matthias (2011c): Judas begegnen – Annäherungen an den Verräter. Eine Doppelstunde am Fachgymnasium, in: Loccumer Pelikan 2011 (3), 132–136.

Günther, Matthias (2011/2012a): Ermutigung als seelsorgerliche Dimension der Religionspädagogik. Sechs Thesen, in: Homiletische Monatshefte 87, 81–86.

Günther, Matthias (2011/2012b): Fröhlich ans Werk. Ein Mitmachgottesdienst, in: Homiletische Monatshefte 87, 327–333.

Günther, Matthias (2012): Wenn Sina weint. Der teleologische Aspekt des Trauerns in der Seelsorge mit jungen Menschen, in: Pastoraltheologie 101, 188–197.

Günther, Matthias (2013): Der Tod ist eine Tür. Seelsorge mit trauernden jungen Menschen, Göttingen: Vandenhoeck & Ruprecht.

Günther, Matthias (2014a): Die seelsorgliche Dimension religiöser Bildungsarbeit mit Jugendlichen, in: Marco Hofheinz/Harry Noormann (Hg.): Was ist Bildung im Horizont von Religion? Festschrift für Friedrich Johannsen zum 70. Geburtstag (69–79), Stuttgart: Kohlhammer.

Günther, Matthias (2014b): Maria Magdalena begegnen. Annäherungen an eine Trauernde. Eine Doppelstunde an der BBS, in: Loccumer Pelikan 2014 (4), 180–184.

Günther, Matthias (2015a): Schulseelsorge als liturgische und homiletische Herausforderung, in: Jochen Arnold/Friedhelm Kraft/Silke Leonhard/Peter Noß-Kolbe (Hg.): Gottesdienste und religiöse Feiern in der Schule, gemeinsam gottesdienst gestalten 27 (193–200), Hannover: Lutherisches Verlagshaus.

Günther, Matthias (2015b): Rock 'n' Religion. Populäre Musik und biblische Texte im Religionsunterricht, Göttingen: Vandenhoeck & Ruprecht.
Günther, Matthias (2016): Schulleben – Schulseelsorge – BRU. Ermutigende religionspädagogische Praxis im Lebensraum berufsbildende Schule, in: BRU-Magazin 66, 2–5.
Günther, Matthias (2017): Film ab! Komödien für den BRU, RU Praktisch – Berufliche Schulen, Göttingen: Vandenhoeck & Ruprecht.
Gunkel, Hermann (1917): Das Märchen im Alten Testament. Religionsgeschichtliche Volksbücher II 23/26, Tübingen: Mohr.
Gutmann, Hans-Martin/Kuhlmann, Birgit/Meuche, Karin (2014): Praxisbuch Schulseelsorge, Göttingen: Vandenhoeck & Ruprecht.
Hanusa, Barbara (2015): Es geht auch ohne! Zur religiösen und kirchlichen Orientierung Jugendlicher und junger Erwachsener, in: Hermelink/Leonhard/Schröder 2015, 48–56.
Haustein, Manfred (1990), Jugendseelsorge, in: Ingeborg Becker u. a. (Hg.), Handbuch der Seelsorge (4. Aufl., 253–271), Berlin: Evangelische Verlagsanstalt.
Heimbrock, Hans-Günter (1996): Evangelische Schulseelsorge auf dem Weg zu »gelebter Religion«, in: Wilhelm Gräb (Hg.): Religionsunterricht jenseits der Kirche? Wie lehren wir die christliche Religion? (45–68), Neukirchen-Vluyn: Neukirchener.
Hentig, Hartmut von (1970): Systemzwang und Selbstbestimmung. Über die Bedingungen der Gesamtschule in der Industriegesellschaft, 3. Aufl., Stuttgart: Klett.
Hermelink, Jan (2015): Zur Einführung: Die V. Kirchenmitgliedschaftserhebung der EKD (KMU V) – alte und neue Perspektiven, in: Hermelink/Leonhard/Schröder 2015, 9–16.
Hermelink, Jan/Leonhard, Silke/Schröder, Bernd (Hg.) (2015): Engagiert und indifferent? Religionspädagogische Lesarten der V. EKD-Erhebung über Kirchenmitgliedschaft, Loccumer Impulse 11, Religionspädagogisches Institut Loccum.
Heydorn, Heinz-Joachim (1972): Zu einer Neufassung des Bildungsbegriffs, Frankfurt a. M.: Suhrkamp.
Höring, Patrik C. (2017): Jugendlichen begegnen. Arbeitsbuch Jugendarbeit, Praktische Theologie heute 152, Stuttgart: Kohlhammer.
Hohensee, Elisabeth (2017): »Ich habe krass viele Fragen wegen dem Sinn des Lebens.« Zur Kommunikation von Sinnfragen unter jugendlichen Kirchenmitgliedern, in: Schröder/Hermelink/Leonhard 2017, 95–108.
Hohensee, Elisabeth/Schulz, Rabea (2015): Religiöse Kommunikation/Artikulation von Sinnfragen unter Jugendlichen, in: Hermelink/Leonhard/Schröder 2015, 31–35.
Ilg, Wolfgang/Schweitzer, Friedrich/Elsenbast, Volker in Verbindung mit Otte, Matthias (2009): Konfirmandenarbeit in Deutschland. Empirische Einblicke – Herausforderungen – Perspektiven. Mit Beiträgen aus den Landeskirchen, Konfirmandenarbeit erforschen und gestalten, Bd. 3, Gütersloh: Gütersloher.

Jentsch, Werner (1981): Handbuch der Jugendseelsorge. Geschichte, Theologie, Praxis, Teil IV: Praxis der Jugendseelsorge, Erster Halbband: Stufenseelsorge. Seelsorge an Kindern, Jugendlichen und jungen Erwachsenen, Gütersloh: Gütersloher.

Kast, Verena (2011): Trauern. Phasen und Chancen des psychischen Prozesses, 33. Aufl., Freiburg i.Br.: Kreuz.

Kirchenamt der Evangelischen Kirche Deutschlands (EKD) (Hg.) (2009): Kirche und Bildung. Herausforderungen, Grundsätze und Perspektiven evangelischer Bildungsverantwortung und kirchlichen Bildungshandelns. Eine Orientierungshilfe des Rates der Evangelischen Kirche in Deutschland, Gütersloh: Gütersloher.

Kirchenamt der Evangelischen Kirche Deutschlands (EKD) (Hg.) (2015): Evangelische Schulseelsorge in der EKD. Ein Orientierungsrahmen, EKD-Texte 123, Hannover.

Kirchenleitung der Vereinigten Evangelisch-lutherischen Kirchen Deutschlands (Hg.) (2000): Evangelisches Gottesdienstbuch. Agende für die Evangelische Kirche der Union und für die Vereinigte Evangelische Kirche Deutschlands, Berlin/Bielefeld/Hannover: Verlagsgemeinschaft »Evangelisches Gottesdienstbuch«.

Klessmann, Michael (2005): Kirchliche Seelsorge – seelsorgliche Kirche. Pastoralpsychologisch inspirierte Rückblicke und Ausblicke, in: Anja Kramer/Freimut Schirrmacher (Hg.): Seelsorgliche Kirche im 21. Jahrhundert. Modelle – Konzepte – Perspektiven (235–253), Neukirchen-Vluyn: Neukirchener.

Klessmann, Michael (2015): Seelsorge. Begleitung, Begegnung, Lebensdeutung im Horizont des christlichen Glaubens, 5. Aufl., Neukirchen-Vluyn: Neukirchener.

Koerrenz, Ralf/Wermke, Michael (Hg.) (2008): Schulseelsorge – Ein Handbuch, Göttingen: Vandenhoeck & Ruprecht.

Kübler-Ross, Elisabeth (1992): Interviews mit Sterbenden, 16. Aufl., Gütersloh: Gütersloher.

Kumlehm, Martina (2007): Erinnern – Wahrnehmen – Erwarten. Religionspädagogische Erwägungen zum Verhältnis von narrativer Identität und Erinnerungskultur, in: Zeitschrift für Pädagogik und Theologie 59, 286–298.

Lammer, Kerstin (2004): Fortschritte der Trauerforschung – Herausforderungen an die kirchliche Praxis der Trauerbegleitung, Texte aus der VELKD Nr. 125, Hannover.

Lammer, Kerstin (2010): Den Tod begreifen, Neue Wege in der Trauerbegleitung, 5. Aufl., Neukirchen-Vluyn: Neukirchener.

Lange, Dietz (1984): Erfahrung und die Glaubwürdigkeit des Glaubens, Hermeneutische Untersuchungen zur Theologie 18, Tübingen: Mohr.

Lienau, Anna-Katharina (2017): Schulseelsorge. System struktureller Koppelung, Arbeiten zur Praktischen Theologie 71, Leipzig: Evangelische Verlagsanstalt

Lohse, Timm H. (2006): Das Trainingsbuch zum Kurzgespräch. Ein Werkbuch für die seelsorgliche Praxis, Göttingen: Vandenhoeck & Ruprecht.

Lohse, Timm H. (2013): Das Kurzgespräch in Seelsorge und Beratung. Eine methodische Anleitung, 4. Aufl., Göttingen: Vandenhoeck & Ruprecht.
Meyer-Blanck, Michael (1995): Vom Symbol zum Zeichen. Symboldidaktik und Semiotik, Hannover: Lutherisches Verlagshaus.
Meyer-Blanck, Michael (1998): Einverständnis und Überwältigung, in: Loccumer Pelikan 1998 (3), 149.
Morgenthaler, Christoph (2010): Trauer mit System? Trends in der Trauerforschung, in: Maria Elisabeth Aigner u. a. (Hg.): Räume des Aufatmens. Pastoralpsychologie im Risiko der Anerkennung. Festschrift zu Ehren von Karl Heinz Ladenhauf, Werkstatt Theologie 17 (413–424), Wien/Berlin: Lit.
Morgenthaler, Christoph (2014): Systemische Seelsorge. Impulse der Familien- und Systemtherapie für die kirchliche Praxis, 5. Aufl., Stuttgart: Kohlhammer.
Morgenthaler, Christoph (2017): Seelsorge, Lehrbuch Praktische Theologie 3, 3. Aufl., Gütersloh: Gütersloher.
Oerter, Rolf/Montada, Leo (Hg.) (1998): Entwicklungspsychologie. Ein Lehrbuch, 4. Aufl., München/Weinheim: Beltz.
Orth, Gottfried (2009): »irgendwie Engel kann man nicht kaufen, aber man kann ihnen begegnen« Wie einige Jugendliche Tod erfahren und Trauer gestalten, in: Lars Bednorz/Olaf Kühl-Freudenstein/Magdalena Munzert (Hg.): Religion braucht Bildung – Bildung braucht Religion. Horst F. Rupp zum 60. Geburtstag (263–276), Würzburg: Königshausen & Neumann.
Pesch, Rudolf (1972): Der Besessene von Gerasa. Entstehung und Überlieferung einer Wundergeschichte, Stuttgarter Bibelstudien 56, Stuttgart: Katholisches Bibelwerk.
Pickel, Gert (2015): Jugendliche und Religion im Spannungsfeld zwischen religiöser und säkularer Option, in: Bedford-Strohm/Jung 2015, 142–160.
Rebenstorf, Hilke (2017): Die Generation U30 – wie hält sie's mit der Religion? Signifikante empirische Befunde in der V. KMU, in: Schröder/Hermelink/Leonhard 2017, 45–74.
Riess, Richard (1974): Zur Seelsorge an Schülern, in: ders. (Hg.), Perspektiven der Pastoralpsychologie (167–187), Göttingen: Vandenhoeck & Ruprecht.
Riess, Richard/Fiedler, Kirsten (Hg.) (2009): Die verletzlichen Jahre. Handbuch zur Beratung und Seelsorge an Kindern und Jugendlichen, 2. Aufl., Münster: Lit.
Schleiermacher, Friedrich Daniel Ernst (1850): Die praktische Theologie nach den Grundsätzen der evangelischen Kirche im Zusammenhang dargestellt. Aus Schleiermachers handschriftlichem Nachlasse und nachgeschriebenen Vorlesungen hg. von Jacob Frerichs, Berlin: Reimer.
Schneider, Evelyn (2009): Das seelsorglich-beratende Kurzgespräch, in: Loccumer Pelikan 2009 (4), 172–174.
Schneider-Harpprecht, Christoph (2005): Die Rolle der Seelsorge angesichts der Krise der Kirchen – Thesen, in: Anja Kramer/Freimut Schirrmacher (Hg.): Seelsorgliche Kirche im 21. Jahrhundert. Modelle – Konzepte – Perspektiven (27–34), Neukirchen-Vluyn: Neukirchener.

Schröder, Bernd/Hermelink, Jan/Leonhard, Silke (Hg.) (2017): Jugendliche und Religion. Analysen zur V. Kirchenmitgliedschaftsuntersuchung der EKD, Religionspädagogik innovativ 13, Stuttgart: Kohlhammer.

Schulze, Gerhard (1992): Die Erlebnisgesellschaft. Kultursoziologie der Gegenwart, Frankfurt a. M./New York: Campus.

Schweiker, Wolfhard (2017): Evangelische Schulseelsorge. Ihre kontextuelle und disziplinäre Verortung in der Theoriebildung, in: Wege zum Menschen 69, 273-288.

Schweitzer, Friedrich (1995): Schulleben – Erziehung zum Leben?, in: Hans-Peter Burmeister/Bernhard Dressler (Hg.): Lebensraum Schule, Loccumer Protokolle 14/95 (157–174), Loccum.

Schweitzer, Friedrich (1996): Die Suche nach eigenem Glauben. Einführung in die Religionspädagogik des Jugendalters, Gütersloh: Gütersloher.

Schweitzer, Friedrich (2008): Schulseelsorge mit Schülerinnen und Schülern im Jugendalter, in: Koerrenz/Wermke 2008, 99–106.

Schweitzer, Friedrich (2010): Die Bundesweite Studie zur Konfirmandenarbeit. Zentrale Befunde und Konsequenzen für Kirche und Schule/schulischen Religionsunterricht, in: Theo-Web. Zeitschrift für Religionspädagogik 9 (2), 42–57.

Schweitzer, Friedrich/Hardecker, Georg/Maaß, Christoph H./Ilg, Wolfgang/Lißmann, Katja in Verbindung mit Schreiner, Peter/Sendler-Koschel, Birgit (2016): Jugendliche nach der Konfirmation. Glaube, Kirche und eigenes Engagement – eine Längsschnittstudie, Konfirmandenarbeit erforschen und gestalten, Bd. 8, Gütersloh: Gütersloher.

Schweitzer, Friedrich/Maaß, Christoph H./Lißmann, Katja/Hardecker, Georg/Ilg, Wolfgang in Verbindung mit Elsenbast, Volker/Otte, Matthias (2015): Konfirmandenarbeit im Wandel – Neue Herausforderungen und Chancen. Perspektiven aus der zweiten bundesweiten Studie, Konfirmandenarbeit erforschen und gestalten, Bd. 6, Gütersloh: Gütersloher.

Spiegel, Yorik (1995): Der Prozess des Trauerns. Analyse und Beratung, 5. Aufl., Gütersloh: Gütersloher.

Spiel, Oskar (1947): Am Schaltbrett der Erziehung, Wien: Verlag für Jugend und Volk.

Spranger, Eduard (1924/1979): Psychologie des Jugendalters, 29. Aufl., Heidelberg: Quelle & Meyer.

Steffensky, Fulbert (2002): Der Gottesdienst und seine Formen, in: ders., Der alltägliche Charme des Glaubens (92–111), Würzburg: Echter.

Steffensky, Fulbert (2010): Schwarzbrot-Spiritualität, Stuttgart: Radius.

Stoodt, Dieter (1973/1982): Kirchliche Begleitung Jugendlicher in der pubertalen Ablösephase durch den Konfirmandenunterricht, in: Christof Bäumler/Henning Luther (Hg.): Konfirmandenunterricht und Konfirmation. Texte zu einer Praxistheorie im 20. Jahrhundert, Theologische Bücherei 71 (297–309), München: Kaiser.

Strauß, David Friedrich (1891): Das Leben Jesu für das deutsche Volk bearbeitet II, 6. Aufl., Bonn: Osiandersche Buchhandlung.

Streib, Heinz/Keller, Barbara (2015): Was bedeutet Spiritualität? Befunde, Analysen und Fallstudien aus Deutschland, Research in Contemporary Religion 20, Göttingen: Vandenhoeck & Ruprecht.

Tymister, Hans Josef (1990): Individualpsychologisch-pädagogische Beratung. Begründungen – Funktionen – Methoden, in: ders. (Hg.), Individualpsychologisch-pädagogische Beratung. Grundlagen und Praxis, Beiträge zur Individualpsychologie 13 (9–26), München/Basel: Reinhardt.

Vogelgesang, Waldemar (2003), Jungsein heute vor dem Hintergrund gesellschaftlicher Veränderungen, www.waldemar.vogelgesang.de/Jungsein.pdf (Zugriff am 27. Juli 2017).

Vogelgesang, Waldemar (2007): »Ich muss auch beim Glauben meine Linie finden!« Jugend und Religion in einer individualisierten Gesellschaft. Vortrag im Rahmen der Vortragsreihe »Jugendforschung im Dialog« der Forschungsgruppe INSIDE/CESIJE an der Universität Luxemburg (12. Juli 2007); www.waldemar.vogelgesang.de (Zugriff am 26. Juli 2017).

Weiß, Sabine (2007): Trauer um den verstorbenen Vater. Der Trauerprozess im Kindes-, Jugend- und jungen Erwachsenenalter, Saarbrücken: Dr. Müller.

Winkler, Klaus (2000): Seelsorge, 2. Aufl., Berlin/New York: de Gruyter.

Witt-Loers, Stephanie (2014): Trauernde Jugendliche in der Familie, Göttingen: Vandenhoeck & Ruprecht.

Witt-Loers, Stephanie (2015): Trauernde Jugendliche in der Schule, 2. Aufl., Göttingen: Vandenhoeck & Ruprecht.

Ziemer, Jürgen (2013): Seelsorge. Grundfragen zu einem kirchlichen Handlungsfeld, in: Praxis Gemeindepädagogik 66 (2), 54–57.

Ziemer, Jürgen (2015): Seelsorgelehre, 5. Aufl., Göttingen: Vandenhoeck & Ruprecht.

Zilleßen, Dietrich (1997): Leben im Dialog mit religiöser Tradition, in: ders./Ulrich Gerber (Hg.): Und der König stieg herab von seinem Thron. Das Konzept Religion elementar (24–36), Frankfurt a. M.: Diesterweg.